Ein Sommer
in Brandenburg

Johannes Unger (Hg.)

Ein Sommer in Brandenburg

Ein Roadmovie zum Blättern

Mit Texten von Heike Hartung, Meike Materne, Johannes Unger
und Fotografien von Franziska Kraft

edition q im
be.bra verlag

Mehr Informationen im Internet

Bibliografische Information der Deutschen Nationalbibliothek
Die Deutsche Nationalbibliothek verzeichnet diese Publikation in der Deutschen Nationalbibliografie; detaillierte bibliografische Daten sind im Internet über http://dnb.d-nb.de abrufbar.

KulturBrauerei Haus 2
Schönhauser Allee 37, 10435 Berlin
post@bebraverlag.de
Lektorat: Matthias Zimmermann, Berlin
Umschlag & Satz: typegerecht, Berlin
Schrift: DTL Paradox und DTL Argo
Druck und Bindung: Finidr, Český Těšín
ISBN 978-3-86124-688-6

www.bebraverlag.de

Inhaltsverzeichnis

Vorwort

»Mich rühren die sandigen Wege. Im alten sandigen Land …« – so beginnt ein Gedicht der Lyrikerin Eva Strittmatter. Wer an ihrem Grab steht, gleich neben dem ihres Mannes, des großen ostdeutschen Heimatschriftstellers Erwin Strittmatter, dem kommen unweigerlich diese Zeilen in den Sinn. »Mich rühren die sandigen Wege. Im alten sandigen Land.« An kaum einem anderen Ort lässt sich die Zuneigung zur märkischen Landschaft und zur Geschichte der Region so sehr nachempfinden wie auf dem mit Kiefern bewachsenen Friedhofshügel am Rand der Lichtung beim Vorwerk Schulzenhof unweit des Stechlinsees im Norden Brandenburgs.

Die sandigen Wege sind mittlerweile zwar vielfach asphaltiert. Aber Brandenburg ist damals wie heute eine lieblich-spröde Mischung aus Landschaft und Geschichte. Lange Zeit war der Name »Brandenburg« als Bezeichnung für die Region zwischen Elbe und Oder verschwunden. Die DDR hatte ihn getilgt, um sich von der preußischen Geschichte loszusagen. Doch so einfach lassen sich jahrhundertealte Traditionslinien nicht kappen. Am 3. Oktober 1990 wurde Brandenburg mit der deutschen Vereinigung als neues Bundesland wiedergegründet. Und mit dem Namen kam auch die Geschichte zurück.

Leicht hatte es das neue Bundesland zunächst nicht. Die wenigen großen Industriestandorte brachen zusammen, unzählige Betriebe wurden dichtgemacht. Die ehemaligen sowjetischen Besatzer hinterließen riesige militärische Anlagen und Kasernen, die Flächen vielfach verseucht. Die Landwirtschaftlichen Produktionsgenossenschaften (LPG) mussten aufgelöst oder umgewandelt, die Ländereien und Waldgebiete privatisiert werden. Viele Menschen haben die Veränderungen und den Neuanfang zunächst als schmerzlichen Prozess empfunden.

Politisch und wirtschaftlich hat sich Brandenburg inzwischen gefangen. Aus der »kleinen DDR« ist eine respektierte Region rings um die Hauptstadt Berlin geworden. Neben dem Tourismus wirken einzelne Technologiestandorte (Erneuerbare Energien, Wissenschaft, Chemie) als ökonomische Treiber. Mit ihren unzähligen modernen Windkraftanlagen zeigt die Region ein neues Gesicht.

Und dennoch wirkt Brandenburg nach wie vor durch das Zusammenspiel von Natur, Kulturlandschaft und wechselvoller Geschichte – besonders im

Sommer, wenn das Licht hell und strahlend ist. Dieses typische Sommergefühl haben wir uns zunutze gemacht, sind unterwegs gewesen von der Sommersonnenwende Mitte Juni bis Mitte September, als die Felder abgeerntet waren und das Laub begann, sich gelb zu färben. Einen Sommer lang waren wir im Land unterwegs, haben die Region erkundet – auf sandigen Wegen und alten oder neu ausgebauten Straßen.

Ohne Hektik haben wir uns fortbewegt, wollten uns Zeit lassen für Begegnungen mit Land und Leuten. Deshalb fuhren wir auch nicht mit einem komfortablen Van von Ort zu Ort, sondern mit einem alten Robur-Bus, der zur DDR-Zeit Schulkinder, Patenbrigaden und Betriebskollektive durch die Republik schaukelte. »Ein Sommer in Brandenburg« ist also ein heimatkundliches Roadmovie – in eher gemächlichem Tempo.

Unsere Reise durch die sommerliche Region beginnt in der Stadt Brandenburg an der Havel. Im Domarchiv lagert die erste urkundliche Erwähnung »Brennabors«. Mehr als 1.000 Jahre ist die königliche Urkunde über die Gründung des Bistums Brandenburg alt. In einem großen Kreis ging es mit dem Robur-Bus im Uhrzeigersinn vom Havelland bis in den Norden an die Grenze zu Mecklenburg, durch die Uckermark und die Schorfheide bis an die Oder, von der Grenze zu Polen bis in den Spreewald, von Elbe und Elster durch den Fläming zurück an die Havel.

Die Texte zu diesem Begleitbuch stammen von den Filmautoren. Sie entstanden als Tagebucheintragungen parallel zu den Dreharbeiten oder direkt im Anschluss aus dem unmittelbaren Erleben. Sollten sich in die Beschreibungen kleine Fehler oder Ungenauigkeiten eingeschlichen haben, so bitten wir dafür um Verständnis.

In den letzten Zeilen des Gedichts von Eva Strittmatter heißt es: »Ich muss diesen Sand verwandeln, bis er schmilzt und Wort wird in mir. Diese Erde lässt nicht mit sich handeln. Ich komm nicht umsonst aus ihr.« Ein Sommer in Brandenburg.

Johannes Unger

Vom Havelland bis nach Rheinsberg

Johannes Unger

VIDEO20

Start in Potsdam-Babelsberg

Seit Wochen haben wir die Dreharbeiten vorbereitet. Und nun das: Graue Wolken und Nieselregen! Von wegen: Ein Sommer in Brandenburg! Dafür herrscht reger Betrieb auf dem Gelände des Rundfunk Berlin-Brandenburg (rbb) in Potsdam-Babelsberg. Thomas Lütz, der Kameramann, und Assistent Ulli Menges – beide waren bereits bei unserer großen TV-Expedition »fernOST – von Berlin nach Tokio« dabei; Jörg Johow und sein Copilot Hannes Richter lassen schon ihre Kamera-Drohne über dem Gelände kreisen, die Kollegen aus der Produktion, die sich um Technik und Logistik gekümmert haben; ein Team unserer Nachrichtensendung »Brandenburg Aktuell«, das vom Auftakt unserer Reise berichten will … Trotz des trüben Wetters ist die Stimmung bestens.

Und dann kommt unser Reise-Vehikel vorgefahren – ein himmelblauer Robur-Bus aus DDR-Produktion. Am Steuer: Reinhard Rogge, Tankstellen-Pächter und Oldtimer-Fan aus Protzen bei Neuruppin. Er soll uns in den kommenden Wochen durch das sommerliche Brandenburg kutschieren.

Wir waren Rogge durch Zufall bei den Recherchen für das Projekt begegnet. Sein Robur-Bus, in Fachkreisen nur zärtlich »LO« genannt, hatte leuchtend blau am Straßenrand geparkt. Beim Gespräch am Gartenzaun stellte sich heraus: Der Tankwart und gelernte Landmaschinenmechaniker hatte den DDR-Oldtimer gemeinsam mit Freunden gerade frisch erworben und restauriert, um damit an den Baikalsee zu fahren. Vorbild des geplanten Trips: das rbb-Roadmovie »Immer ostwärts – von Berlin nach Wladiwostok«, das wir vor einigen Jahren realisiert haben.

Die Begegnung am Straßenrand war eine Fügung des Schicksals. Reinhard Rogge erklärte sich kurz entschlossen bereit, seinen Robur und sich selbst als Fahrer zur Verfügung zu stellen. Ein Glücksfall, wie sich schnell zeigen wird. Im Innenraum des LO riecht es nach Lack und Polyester. Rogge und seine Freunde haben aus dem klapprigen DDR-Bus, der in einem Schuppen irgendwo in Sachsen auf seine Verschrottung wartete, ein schmuckes Wohnmobil gezaubert. Stolz präsentiert er uns die eigens eingebaute Espresso-Maschine. »Der wird die Tour schon schaffen!«, lacht Rogge und klopft seinem Robur liebevoll auf den Kühlergrill. Mit aufbrausenden Motorgeräuschen passieren wir die alten Torhäuser, die schon vor hundert Jahren den Eingang der Filmstadt Babelsberg markierten. Bis Mitte September wollen wir nun unterwegs sein. In vier großen Etappen. Einen Sommer lang. Als Maskottchen haben wir wieder den Sandmann dabei. Er hat uns schon auf unserer Reise Richtung Fernost von Berlin bis nach Tokio begleitet …

Abfahrt in Potsdam-Babelsberg: immer mit dabei – der Sandmann

Wie die Lebenslinie in einer Hand, so durchzieht die Havel das Land Brandenburg. Auf unserer Rundreise werden wir das märkische Fließgewässer etliche Male überqueren. Westlich von Berlin und Potsdam bildet die Havel unzählige Seen und Ausbuchtungen. Um einzutauchen in die Geschichte, wollen wir bei Ketzin mit der legendären Fähre übersetzen.

»Charlotte« erwartet uns am Ketziner Ufer. Seit 25 Jahren ist die Seilfähre in Betrieb – auch eine Errungenschaft der deutschen Einheit. Der Vorgänger-Kahn aus der DDR-Zeit hatte der TÜV-Überprüfung nicht standgehalten. Seit Jahrhunderten überqueren die Menschen hier zwischen Ketzin und Schmergow

Die Fähre Ketzin: Fährmeister Ralf Beinbrecht (rechts) und Kollege

den Fluss. Zum ersten Mal urkundlich erwähnt wurde eine Floßverbindung im Jahr 1305.

Ralf Beinbrecht ist seit 25 Jahren Fährmeister auf der »Charlotte«. Unzählige Male hat er die Seilfähre hin- und herbewegt – ohne, dass je ein ernsthafter Unfall passiert wäre. »Es gibt Leute, die sagen: ›Das ist doch langweilig, immer hin und her!‹«, sagt der 63-Jährige. »Finde ich aber gar nicht! Sind doch jedes Mal andere Gäste an Bord …« Zuverlässig befördert er Einheimische und Touristen über die Havel – eine junge Lehrerin, die auf dem Weg zur Schule ist, den Mitarbeiter der Rinderproduktion aus Groß Kreutz, eine Gruppe Radfahrer aus dem Ruhrgebiet. Die Radler aus dem Westen sind von der Gegend hier hell auf begeistert. So schön haben sie sich den Osten nicht vorgestellt.

Ralf Beinbrecht hat nur noch ein Jahr bis zu seiner Pensionierung. Er fürchtet, dass sein Leben ohne die Fähre langweilig werden könnte. Am liebsten

Die »Charlotte« verbindet die Havelufer zwischen Ketzin und Schmergow

würde er auch noch als Rentner die »Charlotte« über die Havel steuern. »Wenn ich Urlaub hatte, bin ich eigentlich nie groß weggefahren. Es gibt doch sowieso keinen schöneren Ort als den hier.« Dann dreht er sich um und springt die Stufen zum Führerhaus hinauf. »Sonst fahren wir noch gegen einen Baum!«, lacht der Fährmeister von oben aus seiner Luke.

Auf der anderen Seite suchen wir die Straße nach Brandenburg an der Havel. Die älteste Stadt des Landes soll der Ausgangspunkt unserer Rundreise sein. Der Regen macht die Orientierung noch etwas schwieriger. »Mein Navi habe ich zu Hause vergessen«, sagt Reinhard Rogge lachend. »Aber irgendwer wird schon wissen, wo es langgeht!« Für unser Roadmovie durch Brandenburg ist das genau die richtige Einstellung. Der richtige Weg ist bald gefunden. Am verregneten Horizont tauchen die Kirchtürme der Stadt Brandenburg auf.

Havelfähre »Charlotte«

An der Fähre
14669 Ketzin/Havel
0162 / 200 42 85

Fährbetrieb
Apr–Sep: 6–20 Uhr / Okt–März:
Mo–Fr 6–19 Uhr, Sa/So 9–18 Uhr

Brandenburg an der Havel und Plaue

Die Stadt Brandenburg an der Havel war lange Zeit das Sorgenkind des neuen Bundeslandes. Während der DDR-Zeit befand sich hier das größte Röhren-Stahlwerk der DDR mit mehr als 10.000 Beschäftigten. 2,3 Millionen Tonnen Stahl wurden hier jährlich produziert. Als die Hochöfen Ende 1993 für immer erloschen, drohte der Stadt der wirtschaftliche und soziale Zusammenbruch. Wer sich heute durch die Vorstädte der Altstadt und der Dominsel nähert, sieht zwar keine blühenden Landschaften, aber die Stadt hat sich gemausert.

Dank millionenschwerer Förderprogramme und zaghafter Wirtschaftsansiedlung macht Brandenburg äußerlich einen schmucken Eindruck. Zudem wird die Stadt für die Bundesgartenschau herausgeputzt. Der stolze Roland vor dem Rathaus, mittelalterliches Sinnbild für das Stadtrecht, kann wieder etwas selbstbewusster auf die Bürger blicken.

Die Stadt an der Havel ist, wenn man so will, die Keimzelle des Landes Brandenburg und der Region, die über Jahrhunderte die Bezeichnung »Mark« trug. »Marken« wurden im Mittelalter die Grenzbastionen am Rande des deutschen Kaiserreiches genannt. Namen und Territorien entstehen in der Geschichte in der Regel nicht durch friedlichen Austausch, sondern durch Krieg und Gewalt. Und so ist auch die Bezeichnung »Brandenburg« für die Siedlung am Elbezufluss und die umgebende Region Ergebnis einer räuberischen Landnahme.

Seit der Zeit Karls des Großen versuchten die deutschen Könige, ihr christliches Reich nach Osten auszudehnen. Im Visier: die slawischen Stämme östlich der Elbe. Im Winter des Jahres 928/29 gelang es König Heinrich I., die Burg »Brennabor«, Sitz der slawischen Heveller-Fürsten, unter seine Kontrolle zu bringen. Die Festung sollte einen strategischen Brückenkopf im heidnischen Feindesland bilden. Burg und Siedlung gaben später dem Land ringsum den Namen. Bis zu Heinrichs Tod waren fast alle slawischen Stämme an Elbe und Havel mit Kreuz und Schwert unterworfen.

Heinrichs Sohn Otto I. versuchte in der Folgezeit, die Eroberungen seines Vaters abzusichern, und gründete dafür Missionsbistümer – neben Havelberg eben auch Brandenburg. Es grenzt fast an ein Wunder, dass die königliche Urkunde, welche die Gründung des neuen Bistums besiegelte, bis heute erhalten geblieben ist und im Tresor des Stiftsarchivs lagert. Das kostbare Schriftstück hat über die Jahrhunderte allerlei Kriege, Plünderungen und Feuersbrünste überstanden.

Dr. Uwe Czubatynski ist der Hüter dieses Schatzes. Der Leiter des Domarchivs hat sich bereiterklärt, für unsere Dreharbeiten das mehr als tausend Jahre

Der Leiter des Domarchivs Dr. Uwe Czubatynski

alte Pergament vor der Kamera auszubreiten. Als er mit dem schmucklosen Karton, der die Urkunde beinhaltet, den Kreuzgang entlangschreitet, ist das schon ein irgendwie erhebender Moment. »Wir gehen zwar als Archivare häufiger mit mittelalterlichen Pergamenturkunden um, aber unter diesen Schätzen ist dieses Exemplar noch einmal etwas ganz Besonderes.«

In welchem Jahr genau König Otto I. die Urkunde aufsetzen ließ, ist unklar. Lange Zeit ging man vom Jahr 948 aus, neuere Forschungen halten einen späteren Zeitpunkt für wahrscheinlicher. In jedem Fall handelt es sich um das älteste Schriftstück, das die Region zwischen Elbe, Havel und Oder rechtlich umreißt und mit dem Namen »Brandenburg« (»Brendanburg«) bezeichnet. Mit Brief und Siegel verkündet Otto, der »nie besiegbare König«, die Einrichtung eines neuen Bistums – feierlich in lateinischer Schrift, aufgesetzt von einem königlichen Schreiber, beglaubigt von einem Kanzler. Die territorialen Grenzen und hierarchischen Zuständigkeiten des neuen Bistums sind darin genau beschrieben. Das Signum Ottos besteht aus mehreren Strichen, in der Mitte

Der Brandenburger Dom gilt als »Wiege der Mark«

eine symbolisierte Lanze. Vermutlich hat der König nur diesen mittleren Strich selbst gesetzt. Er war – wie die meisten seiner Untertanen – des Schreibens nicht mächtig.

Dass Brandenburg im Mittelalter eine strategisch wichtige Lage gehabt haben muss, wird aus der Vogelperspektive deutlich. Wir filmen die Dominsel von oben mit unserer Kameradrohne. Der Oktokopter umfliegt den Turm des imposanten gotischen Backsteinbaus, die Kamera blickt dabei auf die Arme der Havel ringsum. Die Stadt ist ganz von Wasser umgeben.

Seit Menschengedenken wird in den Havel-Armen um Brandenburg gefischt. Etwas westlich der Stadt biegt der Fluss wieder nach Nordosten ab. In dieser Biegung hat sich ein großes, fischreiches Becken gebildet – der Plauer See. Am nördlichen Ufer, dort wo sich die Havel wieder Richtung Premnitz und Rathenow verengt, liegt das Fischerstädtchen Plaue.

Lutz Schröder betreibt den kleinen Fischereibetrieb in der 13. Generation. Früher lebten fast alle Familien im Ort von Fischfang und Fischhandel. Im 19. Jahrhundert waren es allein 30 Betriebe. Heute sind davon nur noch zwei geblieben. Aber die Chancen stehen gut, dass Schröder die Tradition aufrechterhalten kann. Seine beiden Söhne, Christian (34) und Andreas (24), wollen das Familienunternehmen nämlich in der 14. Generation fortsetzen.

Am Anleger der Fischer-Familie Schröder in Plaue

Christian, der ältere der beiden Söhne, nimmt uns mit zum Fischen. Für ihn sei es immer selbstverständlich gewesen, in die Fußstapfen seines Vaters zu treten. »Mein Vater hat es uns freigestellt, ob wir auch Fischer werden wollen, aber eigentlich war es uns in die Wiege gelegt, auch hinauszufahren.«

Das Wetter ist nach wie vor ungemütlich. Die Schafskälte hat sich im Havelland eingenistet. Christian trägt sogar einen dicken Norweger-Pullover, und wir bekommen eine Ahnung, dass Fischerei nicht nur eine Schönwetter-Angelegenheit ist. »Das ist schon ein Knochenjob. Die Urlauber sehen uns ja nur bei Sonnenschein. Aber wir müssen bei Wind und Wetter raus.«

Die Stellen, an denen die Familie ihr Revier hat, sind genau festgelegt. Sie resultieren aus alten Fischereirechten. Die Schröders haben ihre Reusen rings um Plaue ausgeworfen, seit einigen Jahren fischen sie aber auch bei Ketzin, dort, wo wir mit unserem Robur auf der Seilfähre »Charlotte« die Havel überquert haben.

Am Ufer empfängt Andreas, der Jüngere, seinen älteren Bruder und nimmt den Fang entgegen. Vor allem ein paar dicke Aale sind dabei. Er bringt den prall gefüllten Kescher in die Räucherei. Auch Andreas will im Betrieb seines Vaters bleiben – gemeinsam mit seinem Bruder. Beide hoffen, dass es bei der Aufteilung von Aufgaben, Pachtverträgen und Erlösen nicht zu Streitigkeiten kommt.

Fischer Andreas Schröder

Schließlich gilt es, ein Familienerbe zu bewahren, das mindestens auf das Jahr 1650 zurückgeht. Möglich, dass es schon davor Schröders gab, die in der Havel fischten. Aber in den Wirren des Dreißigjährigen Krieges sind die Kirchenbücher von Plaue verloren gegangen.

»Die meisten meiner Freunde sind einen anderen Weg gegangen, einige haben studiert«, sagt Andreas. »Aber sie wissen, dass ich aus einer alten Fischerfamilie komme, und sie akzeptieren mich und meinen Beruf.« Die beiden Brüder schauen sich an und lächeln: »Eigentlich ist Fischer ja der älteste und normalste Job von der Welt!«, ergänzt Christian. Durchaus möglich, dass es auch in der 15. Generation den Fischereibetrieb Schröder in Plaue geben wird. Christians Sohn ist drei Jahre alt. Bald wird er zum ersten Mal mit seinem Vater zu den Reusen in der Havel rausfahren.

Die Schröders laden uns zum Abschied an ihren Verkaufsstand ein. Der Fischwagen steht – strategisch gut postiert – direkt am Straßenrand der Bundesstraße 1, die hier bei Plaue die Havel überquert. Neben heimischem Fisch gibt es auch Hering, Lachs und Makrelen aus der Ostsee. Der Kunde von heute ist wählerisch geworden.

Domstift Brandenburg

Burghof 10	0 33 81 / 2 11 22 23
14776 Brandenburg/Havel	www.dom-brandenburg.de

Päwesin

In seinem Staate solle ein jeder nach seiner Fasson selig werden, schrieb Preußenkönig Friedrich II. einst. Ob es in Brandenburg-Preußen tatsächlich so tolerant zugegangen ist, darüber mag man geteilter Meinung sein. Gerade die Schrecken des 20. Jahrhunderts lassen daran zweifeln. Fakt aber ist, dass immer wieder Exilanten und Glaubensflüchtlinge aus ganz Europa in märkische Lande kamen, um hier mehr oder weniger unbehelligt von der Obrigkeit ihre Religion zu praktizieren. So ganz uneigennützig handelten die brandenburgisch-preußischen Herrscher dabei nicht. Nach Kriegen, Epidemien und Naturkatastrophen brauchte das Land immer wieder frische Arbeitskräfte. Aber ist es nicht trotzdem eine schöne Vorstellung, dass ein jeder nach seiner Fasson glücklich werden möge?

Das Dorf Päwesin, knapp 20 Kilometer westlich von Brandenburg an der Havel, ist – wenn man so will – in punkto Toleranz der Ort eines interessanten Experiments. In der Klosterschule »Ganden Tashi Choeling« suchen 30 Mönche und Nonnen den Weg der Erleuchtung. Den heruntergekommenen alten Dorfgasthof hat die Gemeinschaft vor einigen Jahren in ein buddhistisches Meditations- und Schulungszentrum verwandelt. Seitdem ist das havelländische Päwesin Anlaufpunkt für viele Menschen, die ihr Seelenheil in der Lehre Buddhas suchen.

Päwesin – ein Ort der »Erleuchtung«

Sherab Kelsang (rechts) mit einem Mönch an der Stupa im Klostergarten

Wir sind zum morgendlichen Gebet in das Kloster eingeladen. Die Leitung betreibt eine sehr aktive Öffentlichkeitsarbeit. Unser Besuch ist von der »Meisterin«, die dem Kloster vorsteht, genehmigt worden. Sie selbst bleibt für uns den ganzen Tag über unsichtbar. Dafür weicht ihr Adlatus und Pressesprecher kaum von unserer Seite.

Punkt 7 Uhr versammeln sich alle rot gewandeten Geistlichen im Gebetsraum – die Männer links, die Frauen rechts. Mit dabei auch ein befreundeter Lama aus Tibet, der das Kloster in Päwesin immer wieder zu Lehr- und Meditationszwecken besucht. Eine Stunde lang üben sich die Betenden in »Dharma«, den buddhistischen Unterweisungen. Die monotonen Gesänge sind teilweise in Tibetisch, teilweise in Deutsch. Die Übersetzungen der Gebete stammen natürlich auch von der ehrwürdigen Meisterin, wird uns erklärt. »Wir leben nicht, um zu glauben, sondern um zu lernen«, sagt ein buddhistisches Sprichwort.

Eine der Betenden ist Sherab Kelsang, seit acht Jahren Nonne im Kloster von Päwesin. Ihr bürgerliches Leben hat sie mit dem Eintritt ins Kloster abgelegt. Zehn Jahre lang hatte sie als Rechtsanwältin in Erfurt gearbeitet und gelebt. Der Weg ins Kloster bedeute für sie nicht Verzicht, erzählt sie uns nach dem Gebet. Die äußerlichen Dinge seien nicht die Quelle für Glück und Zufriedenheit. »Ich

Das alte Gasthaus »Havelland« Roskow

habe mich zwar entschieden, als Nonne ohne Partner und Familie zu leben. Aber zugleich bedeutet dies, dass ich für alle und mit allen lebe.«

Neben den Gebetsstunden und Unterweisungen, an denen alle Mönche und Nonnen teilnehmen müssen, gehört es zu den Aufgaben von Sherab Kelsang, in der klostereigenen Bäckerei »Backwahn«, Kuchen und Torten zu backen. Dafür hat sie eine wahre Leidenschaft entwickelt. »Von der Anwaltskanzlei in die Backstube – das mag äußerlich wie ein Bruch aussehen«, sagt die junge Frau aus Thüringen, »aber eigentlich war es ein leichter Schritt. Denn meine erste Erkenntnis war: Als Rechtsanwältin kann ich es nur einer Partei recht machen. Kuchen mögen aber alle gern.« Kuchen backen sei also allemal besser, als vor Gericht zu streiten. Die Kunden kommen inzwischen aus der ganzen Gegend, um den leckeren, selbst gebackenen Kuchen der Klosterbäckerei zu kaufen.

Für den Ort war die Einrichtung des buddhistischen Klosters ein Glücksfall. Neben dem alten Gasthof haben die Mönche und Nonnen weitere Häuser im Dorf übernommen und instand gesetzt. Das Kloster bietet Meditationskurse an und betreibt neben der Bäckerei noch einen Friseursalon und einen Kosmetikladen. »Wären die Buddhisten nicht gekommen, hätten wir gar nichts mehr im Ort«, sagt uns eine Dorfbewohnerin und verabschiedet sich schnell. Sie muss zum Yoga-Kurs ins Kloster. Und eine Nachbarin am Gartenzaun be-

Das Kloster dient auch als Heim für herrenlose Hunde

stätigt: »Vielleicht ist es ja auch gut, die Dinge etwas gelassener zu sehen.« Andere Dorfbewohner sind skeptischer: »Am Ende geht es doch bei jeder Religion auch nur ums Geld. Und die hier wollen mit ihrem Kloster doch auch nur Geld machen.«

Zur Klosteranlage gehört ein sorgsam gepflegter Park, mit Obstbäumen, Buddha-Statuen, Tempeln und einer Stupa, einem buddhistischen Denkmal und Reliquienschrein. Nach Gebet und Hausputz müssen die Mönche und Nonnen Gartenpflege betreiben und Obst ernten. Dabei werden wir Zeugen einer eigenwilligen Prozession: Fünf Geistliche bugsieren ächzend eine schwere Buddha-Figur auf einer Sackkarre durch den Park. Am Ende stellen sie die steinerne Plastik vor dem Eingang einer kleinen Villa am anderen Ende des Geländes ab. Dort wohnt die Vorsteherin, die hier im Kloster in allen Fragen die oberste Instanz ist. An der Eingangstür findet sich kein Name, auf einem Schild steht nur: »The Boss«. Heute, so erfahren wir, habe die ehrwürdige Meisterin Geburtstag. Die Statue ist das Geschenk ihrer Schüler.

Wir begleiten Sherab Kelsang auf einem Spaziergang durch das Dorf. Sie führt ihre drei kleinen Hunde aus. Immer wieder nehmen die Mönche und Nonnen Vierbeiner auf, die ausgesetzt wurden oder in Not geraten sind. Am Ortsausgang verabschieden wir uns. »Es gibt keinen Weg zum Glück. Glücklich sein ist der Weg!« Wir verlassen Päwesin auf einem holprigen Feldweg. Das erste Mal seit Tagen scheint die Sonne.

Buddhistische Klosterschule Ganden Tashi Choeling e.V.

Brandenburger Str. 12
14778 Päwesin

033838 / 30985
www.tashi-choeling.de/paewesin.html

Rathenow

Der Prediger Johann Heinrich August Duncker war ein frommer Mann. Er glaubte fest daran, dass man sich Gottes Gnade am besten durch Fleiß erwerben könne. Duncker hatte Theologie in Halle studiert und sich an den Franckeschen Stiftungen, einer sozialen Einrichtung zur Bildung und Betreuung von Bedürftigen, theoretisches Wissen über die Gesetze der Optik angeeignet. Das wäre nicht weiter der Rede wert, hätte der preußische Theologe nicht im Jahr 1789 eine Anstellung als Pastor in der Stadt Rathenow erhalten.

Teils aus Liebhaberei, teils um sich ein Zubrot zu verschaffen, entschloss sich Duncker, seine Kenntnisse auf diesem Gebiet praktisch umzusetzen. Er gründete 1801 eine Manufaktur zur Herstellung von Brillengläsern und erhielt das königliche Privileg zum Betrieb einer optischen Industrieanstalt. Duncker interessierte sich vor allem dafür, wie man Brillengläser nicht nur als handgefertigtes Einzelstück, sondern in größerer Zahl herstellen könnte. Der Prediger der Sankt-Marien-Andreas-Kirche erfand dafür eine besondere Apparatur – die »Vielschleifmaschine«. Das war der Beginn der optischen Industrie in Preußen.

Rathenow wuchs im 19. Jahrhundert zum wichtigsten Standtort der deutschen optischen Industrie. Im Jahr 1896 gab es in der Havelstadt allein 163 Betriebe in diesem Gewerbe. Vom Brillenglas über Mikroskop und Prismen-Fernglas bis zum Weitwinkelobjektiv – die Rathenower Unternehmen lieferten optische Produkte in höchster Qualität. Bis zum Zweiten Weltkrieg ging das so.

Am Ende des von Nazi-Deutschland entfachten Krieges lagen Rathenow und seine optischen Betriebe in Schutt und Asche. Enorme Zerstörungen, Reparationsleistungen an die russischen Sieger und ein Mangel an Fachkräften erschwerten den Neuanfang. Doch auch im Sozialismus brauchen die Menschen Brillen. Die größten optischen Unternehmen wurden verstaatlicht und zum Volkseigenen Betrieb Rathenower Optische Werke (VEB ROW) zusammengefasst. Ein Neuanfang unter ganz anderen Vorzeichen. Bald kam die komplette Brillenproduktion der DDR aus Rathenow, und die optischen Werke lieferten Brillengläser und feinmechanische Instrumente in alle sozialistischen Bruderstaaten – bis in die Mongolei oder nach Angola und Kuba.

Bis 1989 arbeiteten fast viereinhalbtausend Menschen allein im VEB Optische Werke Rathenow. Mit Wende und Einheit kam zunächst der Zusammenbruch. Die Absatzmärkte im Osten brachen weg, aus dem Westen drängten moderne Hersteller nach. Es folgten Privatisierung, Verkauf, Massenentlassungen. Am Ende zählten die einstmals so stolzen Optischen Betriebe gerade mal noch 40 Mitarbeiter, 40 von mehr als 4.000!

Die Mühle an der Havel ist jetzt der »Optikpark Rathenow«

Einer von ihnen war Heiko Döbbelin, damals ein junger Mann, heute Ende 40. Mit gemischten Gefühlen erinnert er sich an die unsicheren Zeiten nach der Wende: »Ich war als einer der letzten im Vertrieb tätig. Das Problem war nur: Zu DDR-Zeiten waren Brillen aus Rathenow heiß begehrt. Es gab ja auch keine anderen, und man musste lange darauf warten. Nun aber wollten die Menschen plötzlich modische Brillen in allen Formen und Farben. Und die Hersteller aus dem Westen lieferten quasi über Nacht. Das war für uns im Vertrieb schon seltsam. Früher begehrt und umworben – nun mussten wir uns aufdrängen.«

Fielmann-Mitarbeiter Heiko Döbbelin

Für die meisten Menschen in Rathenow waren die ersten Jahre nach 1989/90 eine schwere Zeit. Viele wurden arbeitslos und mussten sich umorientieren. Heiko Döbbelin hatte Glück. Er war jung und anpassungsfähig. Als die Fielmann AG, das erfolgreichste deutsche Augenoptik-Unternehmen, die traurigen Reste der Optischen Werke Rathenow (ROW) kaufte, wurde auch der junge Vertriebsmitarbeiter übernommen. Bis heute ist Heiko Döbbelin bei Fielmann beschäftigt, genauer gesagt: bei ROW. Denn in einer Mischung aus Geschichtsbewusstsein und Marketinginteresse hatte Firmenchef Günther Fielmann beschlossen, den traditionsreichen Namen der Rathenower Brillenproduktion beizubehalten.

Und so kommt es, dass wir Heiko Döbbelin in der hochmodernen Fielmann-Fabrik am Stadtrand von Rathenow kennenlernen. Der Konzern hat vor einigen Jahren auf der grünen Wiese eine Hightech-Produktionsstätte nach amerikanischem Vorbild errichtet. Heiko Döbbelin ist Chef des Lagers. Wer in einer der rund 600 Fielmann-Filialen in ganz Deutschland eine Brille kauft, kann davon ausgehen, dass die Gläser aus Rathenow stammen.

»Wenn mir einer noch vor ein paar Jahren gesagt hätte, dass hier eines Tages 1.000 Menschen arbeiten würden, dem hätte ich einen Vogel gezeigt!«, sagt Heiko Döbbelin, während er uns durch die Produktion führt. Alles wirkt hell und freundlich, fast steril. Der Pressesprecher von Fielmann, der uns begleitet, hat veranlasst, dass für den Besuch des Fernsehteams alle Mitarbeiter an den Apparaten und Bändern in weißen T-Shirts an ihrem Platz sitzen. Das ist die schöne neue Welt der Marktwirtschaft.

Die Fielmann AG mit ihrer ROW-Fabrik am Stadtrand ist mittlerweile der größte Arbeitgeber in der Region. Aber nicht alle Rathenower sind auf den mächtigen Konzern aus dem Westen gut zu sprechen. Die Firma hatte in den 1990er-Jahren auch das Hauptgebäude des ehemals Volkseigenen Betriebes im Zentrum gekauft und der Stadt als Rathaus weitervermietet. Die laufenden Ausgaben kann oder will sich die Stadtverwaltung nun nicht mehr leisten, heißt es. Bei allem, was Fielmann für Rathenow getan habe – es könne doch nicht angehen, dass sich die Stadt zum Büttel des mächtigen Fabrikanten mache.

Aber auch andere Stimmen sind zu hören: Der Firmenchef habe der Stadt vor Jahren angeboten, in Rathenow eine moderne Ausbildungsakademie zu er-

Sommerfrische am Hohennauer See in Semlin

richten. Doch die Stadtoberen hätten misstrauisch abgelehnt. Die hohen Mieten für das Rathaus – das sei nun Fielmanns Rache. Der Kapitalismus hat eben Licht- und Schattenseiten.

In Rathenow sind jedenfalls neue Zeiten angebrochen. Wie Brandenburg an der Havel so will auch die »Stadt der Optik« von der anstehenden Bundesgartenschau, die in mehreren Orten entlang des Flusses stattfindet, profitieren. Der Optik-Park rings um die alte Mühle wird neu gestaltet, eine eigens gebaute Fußgängerbrücke überzieht nun die Havel. Eine der Attraktionen ist der kleine Leuchtturm, den Optik-Fans vor einigen Jahren im Flussbett errichtet haben. Er stand auf der Mittelmole am Eingang des Warnemünder Hafens. Die Optik des Molefeuers stammt natürlich auch aus Rathenow und ist sozusagen heimgekehrt.

Nach Feierabend begleiten wir Heiko Döbbelin bei seiner Lieblingsbeschäftigung. Gemeinsam mit seinem Freund Bernd geht es zum Angeln an die Havel. Die beiden treffen sich immer an derselben Stelle. Es geht die Chaussee entlang nach Göttlin auf das Gelände des Truppenübungsplatzes, dort, wo einst die Panzertruppen von NVA und Roter Armee den Ernstfall probten. Die Freunde werfen ihre Köder aus und lassen die Nachmittagssonne auf ihre Rücken scheinen. Und sie tun das, was Männer am liebsten tun – sie schweigen.

Stölln

Der Segelflugplatz Stölln ist nicht zu verfehlen. Als hätte der Pilot aus heiterem Himmel eine Notlandung machen müssen, so steht der stählerne Rumpf einer Iljuschin Il-62 der DDR-Fluggesellschaft Interflug am Fuß des Gollenbergs.

Wie kommt so ein riesiges Passagierflugzeug in die Rhinower Berge? Ganz einfach: Maßarbeit! Zu Ehren des Flugpioniers Otto Lilienthal setzte im Oktober 1989 Interflug-Kapitän Heinz-Dieter Kallbach seine Maschine auf die gerade mal 900 Meter kurze Graspiste des unbefestigten Segelflugplatzes. Nach geglückter Landung taufte die Besatzung den Interflug-Jet auf den Namen »Lady Agnes« – nach der Gemahlin Lilienthals, des legendären Wegbereiters der Luftfahrt.

Seit dem Frühjahr 1894 hatte Otto Lilienthal, Ingenieur und Erfinder aus Berlin, seine Erprobungsflüge am Stöllner Gollenberg unternommen. Seine Flugapparate waren immer größer und ausgeklügelter geworden. Zunächst hatten die Fachleute die Theorien Lilienthals abgetan und den eigenwilligen Tüftler für verrückt erklärt. Fliegen mit Geräten, die schwerer sind als Luft? Das konnte sich kein Experte vorstellen. Doch Lilienthal war überzeugt: »Die Nachahmung des

Die »Lady Agnes« ist das Wahrzeichen des Flugplatzes Stölln

Erinnerung an Otto Lilienthal – der Sandmann immer dabei

Segelfluges muss auch dem Menschen möglich sein, da er nur ein geschicktes Steuern erfordert, wozu die Kraft des Menschen völlig ausreicht.« Lange Zeit hatte Lilienthal die Flugbewegungen von Störchen erkundet und daraus seinen Theorien vom »Vogelflug als Grundlage der Fliegekunst« entwickelt.

Spätestens seit seinen ersten erfolgreichen Gleitversuchen vom Mühlenberg bei Derwitz, in den Rauhen Bergen im heutigen Berliner Stadtteil Steglitz und vom eigens errichteten »Fliegeberg« in Lichterfelde aber wurde aller Welt deutlich: Der Mann kann tatsächlich fliegen! Seit dieser Zeit gilt Otto Lilienthal weithin als »der erste Flieger der Menschheit«.

Doch mutige Erfindungen können ihren Preis haben: An einem schönen Sommertag des Jahres 1896 erfasste eine sogenannte Sonnenböe Lilienthals Segelapparat. Aus 15 Meter Höhe stürzte der Flugpionier zu Boden und brach sich den dritten Halswirbel. Auf dem Transport nach Berlin fiel er – vermutlich wegen einer Gehirnblutung – ins Koma und starb im Universitätskrankenhaus. Ein Gedenkstein auf dem Gollenberg erinnert an dieses tragische Ereignis.

Auch Pascal Pfeil träumt den Traum vom Fliegen. Er ist Mitglied des Flugsportvereins »Otto Lilienthal« in Stölln. Heute ist er besonders angespannt. Mit seinem Fluglehrer Johannes Hille soll er einen sogenannten Seitengleitflug unternehmen und mit abrupten Slip-Bewegungen, mit der Tragfläche voran, landen. Pascal ist kein blutiger Anfänger mehr, 117 Flüge hat er schon hinter sich. Aber vor diesem Aufstieg ist ihm schon ein wenig mulmig. Einige knifflige Situationen hat der 16-Jährige schon überstanden, als zum Beispiel in 180 Metern Höhe im Alleinflug das Zugseil riss, das seinen Flieger nach oben befördern sollte, und er dann in einer Kurve mit Rückenwind landen musste.

Flugschüler Pascal Pfeil

Aber Pascals Fluglehrer Johannes Hille, seines Zeichens auch 1. Vorsitzender des Stöllner Segelflugvereins, strahlt Ruhe und Gelassenheit aus. »Pascal wird das schon schaffen.« Hille begleitet seinen Schüler bei dessen 118. Flug. Und natürlich klappt alles bestens. Nach einigen Minuten landet der Segler nach bewusst verkürztem Sinkflug sicher auf der Graspiste unterhalb des Gollenberges.

Mit seiner Ray-Ban-Pilotenbrille sieht Pascal aus wie Tom Cruise im Hollywood-Action-Film »Top Gun – Sie fürchten weder Tod noch Teufel«. Angst habe er keine beim Fliegen, beteuert der Schüler aus Berlin. Die darf er auch nicht haben. Schließlich möchte er eines Tages Pilot bei einer großen Fluggesellschaft werden. Ob er sein Flugzeug dann auch so wagemutig landen könne, wie der Kapitän der »Lady Agnes«? »Na klar! Kein Problem!«

Flugsportverein »Otto Lilienthal« Stölln/Rhinow e.V.

Am Gollenberg 5	033875/30535
14728 Gollenberg OT Stölln	www.edor.org

Hohenofen

Das Schicksal hat es mit dem Dorf Hohenofen am Flüsschen Dosse nicht immer gut gemeint. Die Menschen in diesem Landstrich hatten in früheren Zeiten alle Mühe, sich zu behaupten. Das sumpfige Luchgebiet war landwirtschaftlich nicht gut zu nutzen, größere Städte weit entfernt. Mehrere Male in der Geschichte verhieß der Fortschritt eine glückliche Zukunft, doch immer wieder folgte dem Aufstieg der Niedergang.

Der Ort verdankt seine Existenz ersten Industrialisierungsschritten im 17. Jahrhundert. In der Gegend fand man den sogenannten »Raseneisenstein«, aus dem Eisen gewonnen werden konnte. Prinz Friedrich von Hessen-Homburg erwarb das Amt Neustadt und ließ an einem eigens von der Dosse gezogenen Kanal ein »Seigerhüttenwerk« errichten. In einem »hohen Ofen« wurde das Eisen aus dem Gestein geschmolzen. So kam der Ort zu seinem Namen.

Hohenofen: 150 Jahre lang wurde hier Papier hergestellt

Hans-Ulrich Bein, der ehemalige Produktionsleiter

Bald jedoch waren die Eisengesteinsvorkommen erschöpft. Daraufhin wurde die Hütte zur Silberschmiede umfunktioniert. Doch auch deren Betrieb musste irgendwann wegen Unwirtschaftlichkeit eingestellt werden. Das Dorf war am Ende.

Rettung kam schließlich aus Berlin: Die preußische »Seehandlungs-Societät«, eine Art staatliches Allround-Unternehmen, ließ in Hohenofen eine Papierfabrik errichten, und so wurden auf dem Gelände der ehemaligen Eisenhütte nun Schreib-, Zeichen- und Seidenpapier sowie Tapeten gefertigt. Lastkähne brachten die begehrte Ware auf Dosse und Havel in die Hauptstadt Berlin und kehrten mit Lumpen bepackt zurück. Lumpen (Hadern) waren nämlich damals der einzige Rohstoff zur Herstellung von Papier. Die Geschäfte gingen mal mehr, mal weniger gut. Häufig wechselten die Besitzer. Das blieb so bis zum Zweiten Weltkrieg. Nach 1945 brach eine neue Zeit an: die der Planwirtschaft und der Volkseigenen Betriebe.

An dieser Stelle kommt Hans-Ulrich Bein ins Spiel. Als wir das Gelände mit unserem alten Robur erreichen, steht er schon im Sonntagsanzug vor dem Fabriktor. Neben ihm offenbar seine Frau. Beide haben schon längere Zeit auf uns gewartet, wir entschuldigen uns für die Unpünktlichkeit. Wir hatten uns umgehört, wer etwas über die alte Papierfabrik erzählen könne, und alle hatten uns an Herrn Bein verwiesen.

Hans-Ulrich Bein hat nahezu sein ganzes Berufsleben lang in Hohenofen gearbeitet. Er war in der DDR fast vierzig Jahre lang Produktionsleiter, kannte

Eine Fabrik im Dornröschenschlaf

jeden Kollegen, jede Schraube an der Press- und Walzmaschine und jede Rolle Papier. Nun führt uns der 84-Jährige durch die Hallen seiner Fabrik und erklärt uns an den einzelnen Stationen, wie hier Papier hergestellt wurde. Fast alle Geräte und Apparaturen sind noch vorhanden: der Kollergang, die Holländer, Refiner, Siebpartie und die Pressen und Walzen der riesigen Papiermaschine. 1946 trat Hans-Ulrich Bein in den Betrieb ein, auch sein Vater war schon Produktionsleiter in Hohenofen gewesen. 40 Jahre hat er sich dann um alles gekümmert, war stets der Steuermann an Bord.

Mit den Fingern streicht Hans-Ulrich Bein liebevoll über das Ende einer Rolle Papier, die noch in der Maschine hängt. »Das ist transparentes Zeichenpapier der mittleren Qualität«, sagt er stolz. Papier aus Hohenofen sei damals in alle befreundeten Staaten gegangen, sogar bis nach Kuba. Heute werde solches Papier allenfalls fürs Butterbrot genutzt. Technische Zeichnungen machen die Ingenieure und Bauzeichner am Computer. Wir verkneifen es uns, den alten Produktionsleiter zu korrigieren: Selbst Butterbrote landen heutzutage zumeist eher in Plastikfolie und nicht mehr in Papier.

Nach der Wende kam es wie es kommen musste. Die Papierfabrik Hohenofen konnte (oder sollte) dem Wettbewerb mit den modernen Betrieben im Westen nicht standhalten. 1992 musste das Werk schließen. Die Treuhand ver-

Hohenofen soll als Industriedenkmal erhalten bleiben

pachtete Gelände und Anlagen noch einmal an einen westdeutschen Papierausrüster. Doch aus dessen Ankündigungen wurde nichts. Seit 2003 ist Hohenofen als technisches Denkmal anerkannt. Ein Verein bemüht sich um Sicherung und Erhalt.

Als wir die Fabrik verlassen, nimmt der ehemalige Papiermacher die Frau an seiner Seite zärtlich an die Hand. Die beiden kannten sich schon früher im Betrieb. Christa Geisler war Chefsekretärin bei der Werksleitung. Passiert ist damals nie etwas zwischen ihnen, beide waren verheiratet und ganz förmlich stets per »Sie«. Erst, als nach der Pensionierung die Ehepartner gestorben waren, haben Sie sich bei einer Feierlichkeit näher kennengelernt. Irgendwann beschlossen sie, die noch verbleibenden Lebensjahre gemeinsam zu verbringen. Und so gibt es für Hohenofen, wenn man so will, doch noch ein Happy End.

Patent-Papierfabrik Hohenofen e. V.

Neustädter Str. 25
16845 Sieversdorf-Hohenofen

www.patent-papierfabrik.de

Neustadt/Dosse

Als wir auf das weitläufige Gelände des Brandenburgischen Haupt- und Landesgestüts Neustadt/Dosse fahren, kommt uns auf der langen Allee, die die beiden Gestütsteile miteinander verbindet, eine junge Reiterin entgegen. Laura Strehmel ist Deutschlands Hoffnung bei den anstehenden Europameisterschaften der Junioren-Springreiterinnen in Italien. Und – sie ist der ganze Stolz ihres Vaters. Siegmar Ströhmer ist seit vielen Jahren Obersattelmeister auf dem Gestüt, tagtäglich trainiert er seine Tochter auf dem Parcours oder in der Reithalle.

Noch wenige Wochen sind es bis zum Wettbewerb, jede freie Minute sitzt Laura im Sattel. Hin und wieder gibt der Vater knurrig Anweisungen. »Was is'n los?«, raunzt er seine Tochter an, als ihr Pferd ein Hindernis verweigert. »Mach da nicht so 'ne Wissenschaft draus!« Aber Siegmar Ströhmer ist der Typ »raue Schale, weicher Kern«. In Wahrheit sind seine Kommandos eher liebevoll gemeint. Reden tut er eh nur, wenn es unbedingt nötig ist. Der Pferdewirtschaftsmeister kommt aus Mecklenburg, da sprechen die Leute noch weniger als in Brandenburg. Ob es nicht schwierig sei, vom eigenen Vater trainiert zu werden, fragen wir Laura. »Nein. Das geht schon in Ordnung. Er hat Zeit, ich muss ihn nicht anreisen lassen, und Geld kostet er auch keines.«

Nachwuchsreiterin Laura Strehmel

Das Brandenburgische Haupt- und Landesgestüt Neustadt/Dosse ist ein Paradies für Pferdeliebhaber. Über mehrere Quadratkilometer erstreckt sich das Gelände entlang der Dosse. Preußenkönig Friedrich Wilhelm II. ließ die weitläufige Anlage Ende des 18. Jahrhunderts errichten. Sein Landstallmeister Carl Heinrich August Graf von Lindenau hatte ihn überzeugt, dass es für Preußen dienlich sei, wenn die Pferde für Kavallerie und Hofhaltung nicht wie bisher im Ausland gekauft werden müssten, sondern das Ergebnis eigener Züchtung seien. Lindenaus Vorstellung war es, die Größe und Kraft der englischen Vollblutrasse mit den edlen Eigenschaften der Araber-

Preußische Pracht: das Hauptgebäude des Gestüts Neustadt/Dosse

Pferde zu verbinden. Bald kamen die besten Pferde des preußischen Militärs aus Neustadt/Dosse.

Selbst zur DDR-Zeit hatte Neustadt/Dosse für das Zuchtwesen eine gewisse Bedeutung. Obwohl im Arbeiter- und Bauernstaat der Pferdesport aus ideologischen Gründen kaum gefördert wurde, sorgte man im Volkseigenen Betrieb für Nachwuchs. Der Export von Reitpferden ins nichtsozialistische Ausland war für die DDR eine lukrative Einnahmequelle für Devisen. In den 1980er-Jahren standen mehr als 100 Zuchtstuten in den Boxen des Gestüts. Als sich eines Tages Pferdefreunde West und Pferdefreunde Ost aufgrund der guten Geschäftsbedingungen zu nahe kamen und sogar die Idee hatten, gemeinsam einen Verein zu gründen, schritt die Staatsmacht ein. Die Vereinigung mit den Reitsportlern des Klassenfeindes wurde untersagt.

Wolfgang Zoch und Jürgen Massong können sich an diese Zeiten noch gut erinnern. Die beiden Gestütswärter gehören in Neustadt/Dosse quasi zum Inventar. Sie sind für die Versorgung und Pflege der vielen Dutzend Pferde zuständig, die hier Kost und Logis erhalten. Die Besitzer der Vierbeiner schätzen die Professionalität des Betriebes und die einzigartige Anlage. »Sanssouci der Pferde« nennt sich das Gestüt werbewirksam selbst. Zoch und Massong kennen sich seit ihrer Jugend und sind ein »einjespieltet Team«. Zu ihren Aufgaben

Das Gestüt Neustadt/Dosse ist ein landeseigener Musterbetrieb

gehört es auch, Touristengruppen und Hochzeitsgesellschaften mit dem Planwagen durch die Gegend zu kutschieren. »Wir legen heute die Schwerkraft auf den Tourismus!«, doziert Wolfgang Zoch, der Ältere von beiden, in breitestem Brandenburgisch.

Am frühen Nachmittag treffen wir Laura auf dem Gelände wieder. Gemeinsam mit anderen jungen Reiterinnen trabt sie – diesmal mit einem Pony – über ein Geläuf hinter der großen Zuschauertribüne, wo im Spätsommer immer die berühmten Hengstparaden stattfinden. Die jungen Mädchen bilden den Reitkurs der 12. Klasse der Neustädter Prinz-von-Homburg-Schule. Sportlehrerin Caroline Zeiner gibt Anweisungen. Sie erklärt uns, dass die »Gesamtschule mit besonderer Prägung« über die einzige Oberstufe in Deutschland verfüge, die Reiten als Wahlpflichtfach anbiete. Der Reitsport bildet einen Schwerpunkt der Ausbildung. Angeschlossen ist ein Internat, in dem Schüler untergebracht sind, die von weiter weg kommen.

Auch die meisten Mitschülerinnen Lauras wohnen im Internat. »Natürlich ist es der Traum vieler junger Mädchen, Schule und Freizeit zu verbinden und den ganzen Tag bei den Pferden zu verbringen. Andererseits lernt man hier auch, Verantwortung zu übernehmen, und muss sich schon mit 13 Jahren um alles kümmern – Futter, Hufschmied, Tierarzt und vieles mehr«, erzählen sie.

Die Anlage gilt als »Sanssouci der Pferde«

Das Leben und Lernen mit den Pferden würde helfen, selbstständig zu werden. »Ist halt nicht so wie bei Mutti!« Einen Nachteil gibt es im Neustädter Pferdeparadies aber doch: Auf dem Internat sind Jungen Mangelware. Die Freundinnen schauen in die Kamera und lachen: »Bewerbungen von Jungs nehmen wir jederzeit entgegen!«

Am anderen Ende des Geländes, hinter dem Hauptgestüt mit dem schlossartigen Landstallmeisterhaus, befindet sich eine Art Hochsicherheitstrakt. Das ist das Allerheiligste von Neustadt/Dosse – die Besamungsstation. Mit der Zucht von hochwertigen Reit- und Dressurpferden macht der landeseigene Betrieb inzwischen Millionen. Und die »Cash-Cow« des Unternehmens, der »Goldesel«, das beste Pferd im Stall, ist Quaterback, der berühmteste Zuchthengst der Neustädter Gestüte. Als Lauras Vater Siegmar Ströhmer das stolze Tier vorführt, hat Quaterback seine Pflicht schon erfüllt. Jeden Vormittag muss er eine Stuten-Attrappe bespringen und die nimmersatte Puppe decken.

Eine Portion Deckflüssigkeit »von oberster Bonität« ist Tausende wert. Das Gestüt verkauft Quaterbacks Samen in alle Welt. »Mehr als drei Millionen Euro hat uns sein Sperma schon eingebracht!«, sagt Gestütschef Jürgen Möller stolz. Der Landstallmeister ist lieber dabei, wenn der kostbare Hengst vor die Kamera geführt wird. Mit etwas über elf Jahren hat Quaterback schon mehr als 3.000

Ein Gestütswärter mit dem Denkmal für ein berühmtes Zuchtpferd

Nachkommen weltweit gezeugt. »Ein Hengst, der Träume erfüllt!«, so der Werbespruch des Gestüts.

Lauras Eltern laden uns am Nachmittag noch zu Kaffee und Kuchen ein. Lauras Mutter ist nicht nur begeistert von der Leidenschaft ihrer Tochter und ihres Mannes. »Jedes Wochenende sind die beiden auf irgendwelchen Turnieren. Die Reisen, die Unterbringung – das geht natürlich auch ganz schön ins Geld!«, sagt Katrin Strehmel leicht genervt. Laura und ihr Vater sagen jetzt lieber nichts und nehmen noch ein Stück vom selbstgebackenen Kuchen.

Brandenburgisches Haupt- und Landesgestüt

Hauptgestüt 10	033970/50290
16845 Neustadt (Dosse)	www.neustaedter-gestuete.de

Kampehl, Nackel und Linum

Wir haben uns vorgenommen, einen Anstandsbesuch zu machen, bei einem der prominentesten Brandenburger überhaupt – Christian Friedrich von Kalebuz, seines Zeichens bekannteste Leiche Brandenburgs. Seine Mumie lagert seit mehr als 300 Jahren in der kleinen Dorfkirche von Kampehl unweit von Neustadt/Dosse. Generationen von Besuchern sind schon die Stufen zur Familiengruft derer von Kalebuz hinabgestiegen, um den Schauder zu spüren, der einen beim Anblick eines mumifizierten Leichnams erfassen kann.

Pfarrer Wolf Fröhling hat uns den Feldsteinanbau der kleinen Kirche aufgeschlossen. Gut gelaunt präsentiert er uns den gläsernen Sarg mit den überraschend gut erhaltenen sterblichen Überresten des märkischen Edelmanns. »Es geht ihm bestens!«, lacht Pastor Fröhling. »Ich kenne keine Leiche in Brandenburg, der es besser geht.« Der verschrumpelte Ritter ist seit Fontanes Zeit die Attraktion des Ortes. Im Sommer kommen Touristen scharenweise, um in die ausgetrockneten Augenhöhlen der Mumie zu schauen und von den Missetaten des Bösewichts zu erfahren.

Die Kirche von Kampehl

Pastor Wolf Fröhling und sein »Ritter Kalebuz«

Denn Christian Friedrich von Kalebuz war alles andere als ein Edelmann. Er war ein Tyrann und Schwerenöter, so zumindest die Überlieferung. Vom legendären Prinzen von Hessen-Homburg, dem Helden der Schlacht von Fehrbellin, mit dem Dorf belehnt, führte sich der Junker auf seinem Besitz wie ein Berserker auf. Seine Untertanen behandelte er schlecht, die jungen Bauernmädchen waren vor seinen Nachstellungen nicht sicher. Und auch das Recht der ersten Nacht mit den jungen Bräuten des Ortes nahm er für sich in Anspruch. Bis sich eine von ihnen weigerte, worauf der Ritter voller Jähzorn den Bräutigam erschlug.

Vor Gericht angeklagt, leugnete der Ehrenmann und leistete einen »Reinigungs-Eid«. Sein Körper möge niemals verwesen, sollte er die Unwahrheit gesagt haben. Der Ritter wurde freigesprochen. Nach seinem Tod begrub man ihn in der Familiengruft derer von Kalebuz, und der Sarg geriet in Vergessenheit.

100 Jahre später öffneten Handwerker bei Renovierungsarbeiten den Eichendeckel und siehe da: Der Leichnam war in bestem Zustand! Seitdem hat es

immer wieder Spekulationen darüber gegeben, warum der Ritter nicht vergangen ist. Sogar berühmte Mediziner wie Rudolf Virchow und Ferdinand Sauerbruch nahmen sich des Falles an. Doch so richtig hat bisher niemand das Rätsel des ledernen Ritters gelöst. Wissenschaftler gehen heute von einer natürlichen Mumifizierung aus – aufgrund einer Kombination von günstigen Faktoren: Der gute Mann war an Schwindsucht gestorben, und in seinem Eichensarg hatte er es besonders behaglich und trocken.

Thomas, unser Kameramann, filmt die verdorrte Gestalt von allen Seiten. Der Ritter verzieht keine Miene. So wie damals vor Gericht, als er seine Untat schamlos leugnete.

Das Ruppiner Land ist voller Geschichten und Legenden. Für den Weg von Neustadt/Dosse nach Neuruppin wählen wir eine Strecke etwas abseits der großen Bundesstraße. Der Himmel hängt voller dunkler Gewitterwolken. Es regnet in Strömen. Zwischen den Dörfern Rohrlack und Nackel entdecken wir einen großen Stein am Wegesrand. »Das Gericht« ist darauf zu lesen.

Im dichten Regen kommt uns eine Radfahrerin entgegen. Hannelore Gottschalk ist die Heimatchronistin von Nackel. Sie kennt die Geschichte dieses geheimnisvollen Ortes. »An dieser Stelle wurde einst eine junge Frau hingerichtet«, erzählt sie uns. Der Scharfrichter aus Wusterhausen habe sie hier auf dem Richtplatz geköpft, weil sie ihr Kind umgebracht habe. In einer Version der grausigen Geschichte heißt es, die junge Mutter habe ihr Neugeborenes sogar den Schweinen zum Fraß vorgeworfen. Seitdem sei der Streifen Land hier auch nicht mehr bewirtschaftet worden, weil ansonsten der Pflug kaputt brechen könnte. Man erzählt sich, dass an der Kreuzung zweier Feldwege immer wieder seltsame Dinge passieren.

»Wenn wir hier abends mit dem Fahrrad langfahren, dann treten wir kräftig in die Pedale. Denn ein bisschen unheimlich ist es hier schon«, sagt die Frau aus Nackel lächelnd. Aber tagsüber müsse man sich keine Sorgen machen, wir könnten ganz unbesorgt sein.

An diesem Ort wollen wir nicht länger bleiben. Wir haben Mitleid mit der hingerichteten jungen Frau und mit Hannelore Gottschalk, der Heimatchronistin. Denn die ganze Zeit über steht sie im strömenden Regen.

Selbst die jungen Störche, die wir in ihren Nestern in den Orten der Umgebung sehen, schauen betrübt. Das Gefieder ist klatschnass vom Dauerregen. Brandenburg ist Storchenland. Und das Dorf Linum südlich von Neuruppin ist berühmt für seine Vielzahl von Storchennestern. Bei Rathenow waren wir schon zufällig einem Team des Naturschutzbundes (Nabu) begegnet, das im Havelland unterwegs ist, um Jungstörche zu beringen. Linum, am Rand des gleichnamigen Bruchgebietes gelegen, ist das Mekka der märkischen Storchenfreunde.

»Das Gericht von Nackel« und ein Storch im Linumer Bruch

Auf dem Dach der neugotischen Backsteinkirche thront das höchstgelegene Nest des Dorfes. Bewacht wird es von Schwester Anneliese, einer protestantischen Diakonisse, die seit vielen Jahren im Pfarrhaus gleich neben dem Gotteshaus wohnt. Sie gilt vielen als die gute Seele von Linum. Wer Schwester Anneliese besuchen möchte, muss sich nicht anmelden. Sie ist ohnehin immer da. Früher hat sie interessierte Besucher in die Kirche geführt und über die Geschichte des Ortes aufgeklärt. Heute fällt ihr das immer schwerer. Die Beine wollen nicht mehr so, und hören kann sie auch nicht mehr gut. Immer wieder ist ihr nahegelegt worden, aus dem Pfarrhaus auszuziehen, aber Schwester Anneliese meint: »Gott hat mich an diesen Ort geführt, und hier werde ich bleiben!«

Das Leben mit den Störchen sieht sie ganz pragmatisch. Sie gibt ihnen keine Namen und baut auch keine besondere Beziehung zu den Gästen auf ihrem Kirchdach auf. »Das hat keinen Zweck!«, sagt sie bestimmt. »Die Störche gehören zwar zu Gottes Schöpfung, aber es handelt sich um Tiere.« In diesem Jahr habe es nur ein Jungstorch oben auf dem Gotteshaus geschafft. Der Stärkste habe seine schwächeren Geschwister aus dem Nest geschubst. »Seine Eltern sind gerade unterwegs zur Futtersuche.«

Früher seien noch mehr Besucher nach Linum gekommen, vor allem aus Berlin. »Nach der Wende waren wir für viele Großstädter eine Attraktion!«

Schwester Anneliese Wilcke, die gute Seele von Linum

Heute hätten sich die meisten Berliner an die schöne Umgebung gewöhnt. Aber der Schutz der Natur ist für Schwester Anneliese keine selbstverständliche Sache. Deshalb hat sie auch mitgemacht bei einem Gedicht-Wettbewerb der Gemeinde. Sie setzt sich auf die Bank vor ihrem Fenster und liest vor: »Hält der Frühling Einzug ins Land, säumen Autos den Straßenrand. Menschen wandern durch Wald und Flur. Bewahren wir uns diesen Lebensraum nur!«

Ritter von Kalebuz

Schulstr. 3	033970/13265
16845 Neustadt (Dosse)	www.kalebuz.de

Neuruppin und Alt Ruppin

Neuruppin gilt als die »Perle Brandenburgs«. An einem lang gestreckten See gelegen und nach einem Brand der Altstadt Ende des 18. Jahrhunderts in großzügigem Schachbrettmuster errichtet, wurden die zahlreichen frühklassizistischen Gebäude und Straßenzüge nach Wende und Einheit aufwendig restauriert. Dass es bei der millionenschweren Sanierung und Modernisierung der Stadt nicht immer mit rechten Dingen zugegangen sein soll, ist eine andere Geschichte. Wegen Vetternwirtschaft und Korruption einiger Amts- und Würdenträger der Stadt wurde Neuruppin zeitweise auch als »Märkisches Palermo« bezeichnet.

Der schnauzbärtige Mann mit Stock und Gehrock auf dem Sockel am Tor zur Innenstadt jedenfalls dürfte über dieses unrühmliche Kapitel der Ortschronik den Kopf geschüttelt haben. Wenn er denn könnte. Aber so musste der bronzene Theodor Fontane den Skandalen in seiner Heimatstadt tatenlos zuschauen. Aber wir wollen den Bürgern Neuruppins nicht Unrecht tun. Die Stadt empfängt uns hell und freundlich, auf der Karl-Marx-Straße (jede ostdeutsche Gemeinde hat eine, ebenso wie eine Ernst-Thälmann-, eine August-Bebel- und eine Karl-Liebknecht-Straße) haben die Händler ihre Marktstände aufgebaut.

Wie für viele märkische Städte stellte sich auch für Neuruppin nach dem Ende der DDR die Frage: Wie soll es wirtschaftlich mit dem Ort weitergehen? Bis auf die Elektro-Physikalischen Werke (EPW) gab es kaum große Betriebe. Die Soldaten der sowjetischen Streitkräfte zogen 1994 aus den Kasernen und vom Flugplatz ab. Motor der Erholung wurden interessanterweise die Seniorenpflege und das Gesundheitswesen. Die Neuruppiner Kliniken, zentrales Krankenhaus des Landkreises, entwickelten sich zum größten Arbeitgeber in der Region. Die kasernenartigen Klinkerbauten aus der Kaiserzeit sind mittlerweile zu einem hochmodernen Medizin-Komplex ausgebaut worden.

Wir haben mit der Klinikleitung telefoniert. Wir wollen jungen Menschen begegnen, die aus der Gegend kommen, hier Arbeit gefunden haben und in Brandenburg ihre Zukunft sehen. So lernen wird Sabine Brolowski und Annett Sleinitz kennen, zwei Mitarbeiterinnen der Krankenhaus-Apotheke in den Neuruppiner Kliniken. Die beiden Mittzwanzigerinnen sind nicht nur Kolleginnen sondern auch dick befreundet. Die eine stammt aus einem Dorf in der Nähe von Rathenow, die andere aus einem Ort nicht weit von Neuruppin. Es wird ein schöner Drehtag mit beiden, weil sie sich ganz offen geben, uns ihre interessante Arbeit zeigen und teilhaben lassen an ihrem Optimismus und ihrer Lebensfreude.

Theodor Fontane und die Stadt Neuruppin, die »Perle Brandenburgs«

Die Krankenhaus-Apotheke ist nicht zu vergleichen mit einem pharmazeutischen Geschäft an der Straßenecke. Sie ist vielmehr ein Hightech-Betrieb. Von hier aus wird computergestützt die gesamte Versorgung der Patienten mit den unterschiedlichsten Medikamenten gesteuert. Zudem stellen die Pharmazeutinnen in einem speziellen Sicherheitslabor hochwirksame Wirkstoffe her – etwa zur Krebsbehandlung oder zur Versorgung von Frühgeborenen. Sabine Brolowski und Annett Sleinitz sind sichtlich in ihrem Element. »Für uns ist der Job hier wie ein Sechser im Lotto!«, sagen sie. Weil die eine Freundin dunkle Locken trägt, die andere blondes, langes Haar, taufen wir sie schnell »Schneeweißchen und Rosenrot«.

Der Umgangston ist freundlich-kollegial. »Wir arbeiten hier eher mit dem Teamgedanken, nicht streng hierarchisch«, sagt Dr. Christian Heyde, der Chef der Krankenhaus-Apotheke. Dr. Heyde und seine Mitarbeiterinnen sind, wenn man so will, ja die Nachfolger des berühmtesten Pharmazeuten aus Brandenburg – Theodor Fontane, dessen Eltern in Neuruppin eine Apotheke betrieben. Die »Löwenapotheke« in der Innenstadt existiert noch immer. Sie hat alle Zeitenwechsel überdauert.

Sabine Brolowski (links) und Annett Sleinitz, Apothekerinnen in den Neuruppiner Kliniken

Ab 2015 soll in Neuruppin an der neu gegründeten Hochschule medizinischer Nachwuchs ausgebildet werden. Das Land Brandenburg will mit der Einrichtung einer eigenen Hochschule auf den Mangel an Landärzten in der Flächenregion reagieren. Junge Mediziner, die künftig in Neuruppin ihren Abschluss machen, sollen sich verpflichten, als Ärzte auf dem flachen Land aktiv zu sein. Einen Namen hat die neue Bildungseinrichtung auch schon: Medizinische Hochschule Theodor Fontane.

Unsere nächste Station ist nur ein paar Kilometer entfernt: Alt Ruppin, der Ursprungsort der Gemeinde. Am Rhin-Kanal, der den Molchowsee mit dem Ruppiner See verbindet, befand sich schon in früheren Zeiten eine Mühle. In dem dazugehörigen alten Kornspeicher direkt an der Schleuse hat sich Manfred Neumann seinen Lebenstraum erfüllt. Nach dem Abzug der russischen Armee, die das Gelände wenig pfleglich behandelt hatte, kaufte der Neuruppiner Tischlermeister die kläglichen Reste des Speichers und baute das mehrstöckige Klinkergebäude liebevoll wieder auf. Im Erdgeschoß befindet sich seine Werkstatt, die oberen Etagen sind gefüllt mit Trödel und Antiquitäten aus drei Jahrhunderten. Und ganz oben, in der Beletage, hat der Restaurator und Möbelsammler eine Ausstellung mit Exponaten des Jugendstils eingerichtet.

»Für mich war die Wende ein Glück!«, sagt Manfred Neumann beim Blick vom Balkon. »Ich konnte mir all dies hier aufbauen.« Als er seinem Vater damals die Ruine des Speichers zeigte, habe dieser nur gemeint: »Junge, jetzt bist du vollkommen verrückt geworden!« Aber mit Freunden habe er es geschafft. Sein »Kornspeicher Neumühle« ist Anziehungspunkt für Einheimische und Touristen und Ort der kulturellen Begegnung. Als wir vom Hof fahren wollen, verrät

Manfred Neumann und sein Kornspeicher in Alt Ruppin

uns der stolze Mühlenbesitzer: »Zu Ost-Zeiten war ich mal der jüngste Fahrlehrer der DDR – bevor ich Tischler wurde.« Diese Gelegenheit lässt sich unser Robur-Kutscher Reinhard Rogge nicht entgehen. Er lädt den Restaurator zu einer Spritztour durch das Ruppiner Land ein. Manfred Neumann darf natürlich selbst ans Steuer. Mit einem herzerfrischenden Lachen startet er unseren »LO«.

Kornspeicher Neumühle

Neumühle 3	03391/75150
16827 Neumühle	www.kornspeicherneumuehle.de

Dollgow-Schulzenhof

Das alte Gehöft am Rand der Lichtung liegt da, als könne der knorrige, bärtige Hausbesitzer gleich vor die Tür treten, den Hund an der Leine auf dem Weg zu seinen Araber-Pferden auf der Koppel; als könne die Frau des Hauses an der Schreibmaschine am Schreibtisch sitzen oder in der Küche eine Brotzeit zubereiten.

Die Gebäude des alten Vorwerks in Schulzenhof unweit des Stechlin liegen da, als hätten Erwin und Eva Strittmatter sie gerade verlassen. Aber nicht der berühmte Schriftsteller und seine Frau treten aus dem Tor, sondern sein jüngster Sohn Jakob und dessen Frau Cathrin. Die beiden haben uns eingeladen, den Hof der Eltern zu besichtigen. Jakob und seine älteren Brüder haben entschieden, das Anwesen in dem Zustand zu erhalten, wie sie es aus ihrer Kindheit und Jugend kannten. Wer sich anmeldet, bekommt sogar eine kleine Führung.

In der Biografie Erwin Strittmatters, des populärsten Heimatschriftstellers der DDR, spiegeln sich die Brüche und Widersprüche der deutschen Geschichte des 20. Jahrhunderts wider. Aufgewachsen war Strittmatter im kleinen Ort Bohsdorf in der Niederlausitz, wo seine Eltern eine Kolonialwarenhandlung betrieben hatten. Die Erinnerungen an seine Kindheit verarbeitete er später in einem seiner berühmtesten Werke, dem Roman »Der Laden«. Das Leben der Bauern, Handwerker und kleinen Leute, das war es, was Strittmatter zeitlebens beschäftigte. Und kaum ein Schriftsteller hat so liebevoll und originell märkische Typen gezeichnet.

Nach dem Zweiten Weltkrieg arbeitete Strittmatter als Bäcker, Zeitungsredakteur und Amtsvorsteher und wurde schließlich als Autodidakt Schriftsteller. Nach den Schrecken des Nationalsozialismus begrüßte der Arbeiter- und Bauernautor den Aufbau eines sozialistischen Staates ausdrücklich, wurde sogar 1. Sekretär des Schriftstellerverbandes der DDR – auch wenn er dabei verschwieg, dass er im »Dritten Reich« als Angehöriger einer Polizeieinheit Hitlers SS gedient hatte.

Über Strittmatters Verhältnis zum real existierenden Sozialismus ist viel geschrieben und gestritten worden. Auf der einen Seite war er ein Vorzeigeliterat, von Staat und Partei vielfach geehrt und zur Galionsfigur des sozialistischen Realismus erkoren. Unbestritten ist auch, dass der prominente Schriftsteller und Kulturfunktionär zeitweise als »geheimer Informator« der Staatssicherheit zu Diensten war. Auf der anderen Seite finden sich in Akten und eigenen Aufzeichnungen aber immer wieder auch Zeugnisse der Enttäuschung, des Zorns und des Widerspruchs, etwa wenn er die Staats- und Parteiführung als »Parade

Jakob Strittmatter und das Familienmuseum in Schulzenhof

des Personenkults« beschreibt oder meint: »Der Begriff Ideologie fängt an, mir Brechreiz zu bereiten.« In offene Opposition ging Strittmatter nie – vielmehr zog er sich in die Idylle von Schulzenhof zurück. Ein Schriftstellerleben zwischen Dichtung und Doktrin. Wie immer man die Rolle Strittmatters in der deutschen Literaturgeschichte bewerten mag – ein warmherziger, liebevoller Vater ist er offenbar nicht gewesen. Jakob, der jüngste Sohn, der uns durch die Räumlichkeiten des kleinen Privatmuseums führt, spricht kein böses Wort über seinen Vater, aber man spürt, dass er noch immer mit der übermächtigen Figur seiner Kindheit zu ringen hat. Er habe als Jüngster zum Glück niemals Prügel bekommen, erinnert er sich. Ein deutlicher Hinweis auf die cholerische Art des Vaters.

Die Zuneigung zur Mutter ist offenbar weit größer, auch wenn Jakob nur von »Eva Strittmatter« spricht, so als wäre er ein gewöhnlicher Museumsführer, der den früheren Besitzern des Hauses niemals begegnet ist.

Erwin Strittmatter heiratete Eva 1956 in dritter Ehe. Das Haus in Schulzenhof kaufte er mit dem Preisgeld seines ersten Nationalpreises für das Stück

Die Gräber von Eva und Erwin Strittmatter in Schulzenhof

»Katzengraben«. Die Ehe hielt bis zu Erwins Tod 1994, also fast 40 Jahre lang, muss aber schweren Belastungen ausgesetzt gewesen sein – auch wegen seines Jähzorns, seines Hangs zu Frauen und seiner Angst vor Bedeutungsverlust. Immer schwerer fiel es ihm zu akzeptieren, dass auch seine Frau schrieb und mit ihren Werken Erfolg hatte. Und so notierte er in sein Tagebuch: »Deine Frau, die du einst liebtest, denkt nur an sich und die Ausstattung ihrer Dichterinnen-Rolle.«

Von den Kämpfen und der Entfremdung der Eheleute ist beim Anblick ihrer privaten Hinterlassenschaften nichts zu spüren: die beiden kleinen Arbeitszimmer, die vielen Bilder und Fotos an der Wand, die unzähligen Bücher. Auf dem kleinen Friedhof, den man aus dem Fenster des Hofes sehen kann, liegen beide nun friedlich nebeneinander begraben. Den Ort hat Erwin Strittmatter schon in seinem Roman »Der Laden« beschrieben: »Ich stehe am Fuße des Hügels, auf dem sich die Altvorderen unseres Vorwerks einen Friedhof anlegten, einen Friedhof für fünf Familien, sehr, sehr alt … Ich weiß, dass ich unter einer dieser großen Tannen, die auf dem Hügel stehen, liegen werde.« Auch den Spruch für seinen Grabstein hat sich Strittmatter schon ausgesucht, eine Zeile aus einem Gedicht seiner Frau: »Löscht meine Wort aus und seht: Der Nebel geht über die Wiesen …«

Sommeridylle im nördlichen Brandenburg

Jakobs Frau Cathrin hat extra für unseren Besuch eine Bohnensuppe mit Hühnerfleisch gekocht. »Fernsehleute sind doch immer hungrig«, meint sie zu Recht. Zu hören sind nur die Geräusche aus dem Wald und von der Lichtung. Es ist ein schöner Sommertag in Brandenburg.

Rheinsberg

Wir fahren einen schnurgeraden Plattenweg durch den Kiefernwald und hüpfen in den Sitzen des Robur-Busses auf und ab. Ringsum nichts als Blätterrauschen und Vogelzwitschern. Hier im Naturpark Stechlin-Ruppiner Land gibt es seltene Tiere: Fischadler, Eisvögel, Otter und Sumpfschildkröten. Nach mehreren Kilometern endet die Betonpiste vor einem großen Stahltor. Schilder und Kameras machen deutlich: Gäste sind hier nicht willkommen – oder besser: waren hier nicht willkommen. Selbst von hier aus kann man die Anlage kaum sehen. Schornstein und Reaktorgebäude verstecken sich hinter Gebüsch und Bäumen. Hier im Wald bei Rheinsberg auf einer schmalen Landbrücke zwischen Nehmitzsee und Stechlin befindet sich – nach wie vor ummauert und gesichert – das erste Kernkraftwerk der DDR, beziehungsweise das, was davon übrig geblieben ist. Rheinsberg – der Stolz der sozialistischen Atomforschung.

Wir haben unseren Besuch bei den Energiewerken Nord (EWN) angemeldet. Bei diesem Unternehmen von einer Betreiberfirma zu sprechen, wäre falsch. Denn in Rheinsberg wird im engeren Sinne kein Gewerbe betrieben. Die EWN, ein bundeseigener Betrieb, haben den alleinigen Zweck, die DDR-Atomanlagen Rheinsberg und Greifswald zu demontieren und die radioaktiven Reststoffe sicher zu entsorgen.

Jörg Möller ist Abteilungsleiter Projektplanung und -koordinierung und gleichzeitig verantwortlich für die Presse- und Öffentlichkeitsarbeit. Er empfängt uns offen und freundlich: »Wir haben hier nichts zu verbergen!«, sagt der bärtige Ingenieur, der mit seinen Kollegen vor allem eine Aufgabe hat – seinen langjährigen Arbeitsplatz zu beseitigen. Möglichst geräuschlos und ohne Komplikationen. 1995 hat der Rückbau des Kernkraftwerks Rheinsberg begonnen. Einst war der märkische Meiler Sinnbild des sozialistischen Fortschrittglaubens. 1966 war die Anlage, nach sowjetischem Vorbild projektiert, in Betrieb gegangen. Damals glaubte die ganze Welt an die Atomkraft, die sozialistische allemal: »So wie das Zeitalter der Dampfkraft dem Kapitalismus gehörte, so wird das Zeitalter der Atomkraft dem Sozialismus gehören!«, lautete eine der Visionen.

Das Waldgebiet bei Rheinsberg bot aus Sicht der Ingenieure für den Betrieb eines Atomreaktors günstige Voraussetzungen: Die Gegend war wasserreich und nur dünn besiedelt. Trotz einiger Verzögerungen beim Bau der Anlage erfüllten sich die Hoffnungen der DDR-Führung: Das erste Kernkraftwerk auf deutschem Boden lieferte bald 70 Megawatt Energie – genug Strom, um eine Stadt der Größe Potsdams zu versorgen. Der relativ kleine Reaktor von Rheinsberg sollte Vorbild sein für weit größere Anlagen, von denen nur die Meiler

Das ehemalige Kernkraftwerk Rheinsberg am Stechlin

von Greifswald realisiert wurden. Als 1971 ein neuer 10-Mark-Schein herausgegeben wurde, zeigte dessen Rückseite die Schaltzentrale des KKW Rheinsberg.

Jörg Möller führt uns über das gesamte Gelände. Rein äußerlich ist noch gut zu erkennen, dass hier mithilfe atomarer Kernreaktionen Strom erzeugt wurde: Das Reaktorgebäude, das Turbinenhaus, der Abluftschornstein, alles ist noch da. Zumindest die Fassaden. Drinnen sind jedoch sämtliche Elemente abgebaut, vor allem die strahlenden Teile. 330.000 Tonnen Material fallen beim Abriss insgesamt an, 42.000 Tonnen davon kontaminiert. Die verstrahlten Abfälle wurden in Castoren und Schutzbehälter verpackt ins atomare Zwischenlager nach Lubmin bei Greifswald gebracht.

»Nach der Wende haben mich viele Freunde und Bekannte bemitleidet, weil das Kernkraftwerk abgestellt wurde und ich meine Aufgabe verloren habe«, meint Jörg Möller. »Wenn ich mir aber die letzten zwanzig Jahre anschaue, muss ich sagen: Es waren so viele ingenieurtechnische Herausforderungen zu meistern, dass mir in meinem Berufsleben kaum etwas Besseres hätte passieren können.« Die Experten der Energiewerke Nord mussten Pionierarbeit leisten und haben wichtige Erkenntnisse gesammelt, die in Zukunft von Nutzen sein können. Die Bundesrepublik will aus der Atomkraft aussteigen. Dutzende Kernkraftwerke werden abgestellt und müssen rückgebaut werden. Da ist guter Rat

Nur noch die Hüllen stehen – strahlendes Erbe in Rheinsberg

Gold wert. Sogar bei der Verschrottung russischer Atom-U-Boote sind die Entsorger aus Rheinsberg und Greifswald inzwischen behilflich.

»Die Frage war ja damals, ob Mitarbeiter, die ein Atomkraftwerk betreiben, es auch zuverlässig abbauen können«, sagt Möller nicht ohne Stolz. »Und das haben wir unter Beweis gestellt!« Der Kern der Belegschaft war seinerzeit übernommen und mit dem Rückbau beauftragt worden.

Wie kompliziert und gefährlich der Umgang mit radioaktiven Abfällen ist, wird beim Anblick einer kleinen Halle deutlich, die sich am Rand des Geländes befindet. Ein kleiner atomarer Friedhof. In den Anfangsjahren hatte die Werksleitung das Gelände als Endlager benutzt und flüssige Betriebsabfälle in große Betonbunker geleitet. 1987 kam es zu einem schweren Zwischenfall: Durch einen Bedienungsfehler sickerten Tausende Liter radioaktive Flüssigkeiten durch die Betondecken in den Boden. Bis heute ist unklar, inwieweit Erdreich oder sogar Grundwasser verseucht sein könnten. Wir bleiben in gebührendem Abstand.

Möller führt uns auch in das ehemalige Reaktorgebäude. Vom Kransteuerungsraum kann man durch ein Bullauge in der meterdicken Betonwand in den Reaktorsaal schauen. 25 Jahre hat hier das Herz der Anlage geschlagen. Inzwischen ist der Reaktor Stück für Stück und Schraube für Schraube abgebaut und in strahlensicheren Castoren abtransportiert.

Jörg Möller und seine Kollegen sind für die Demontage verantwortlich

Möller und die meisten seiner Kollegen glauben nach wie vor an die Atomkraft. »Allein mit erneuerbaren Energien werden wir es nicht schaffen!«, meint der Ingenieur aus Rheinsberg. Als Techniker sieht er die Dinge pragmatisch – nicht ideologisch. Aber auf die Frage, was mit dem ganzen strahlenden Müll werden soll, hat auch er nicht wirklich eine Antwort. 2019 soll der Rückbau von Rheinsberg beendet sein. Der Abriss hat dann fast dreimal so lange gedauert wie der Bau. Die Gebäudehüllen werden dann immer noch stehen. Sie müssen wegen der strahlenden Isotope im Beton noch weitere 50 Jahre »abklingen«.

Jeder Gegenstand, der das Gelände des Kernkraftwerkes verlässt, muss auf mögliche Kontaminierung untersucht werden. Auch unser Robur-Bus. Das Messgerät des Werkschutzes zeigt keine bedrohlichen Ausschläge. Wir dürfen das Tor passieren. Als wir bald darauf Schloss Rheinsberg erreichen, hören wir Musik. Aus dem Kavalierhaus neben dem Theater dringen Opernklänge: Mozarts Zauberflöte. Heute ist der Auftakt für die neue Saison der Kammeroper Schloss Rheinsberg. Bei diesem internationalen Musikfestival kommen junge Opernsängerinnen und -sänger zusammen, die einen Nachwuchswettbewerb gewonnen haben. Gemeinsam studieren sie Werke ein, die im Schlosstheater und im Park zur Aufführung kommen. Heute ist der erste Probentag. Intendant und Festivalgründer Siegfried Matthus hat die jungen Musiker begrüßt. Nun ist das Ensemble der Zauberflöte dran. Studienleiter Michael Nündel am Flügel bittet »Pamina« und Tamino« vorzutreten.

»Pamina« – das ist in diesem Jahr Marija Mitić, eine junge Sängerin aus Serbien. »Tamino«, das ist Goran Cah aus Kroatien. Beide kennen sich bereits aus

Schloss Rheinsberg bildet den Rahmen für die Kammeroper

dem Studium an der Berliner Universität der Bildenden Künste. Für die kommenden Wochen sollen sie Mozarts Traumpaar sein, Prinz und Prinzessin, die nach allerlei Irrungen und Wirrungen zueinander finden. Im wahren Leben sind sie längst vergeben, aber so ist das mit der großen Liebe auf der Opernbühne. Alles nur ein (Sing-)Spiel.

Wir begleiten die beiden Sänger bei einem Spaziergang durch den Schlosspark. Für Marija und Goran bedeutet das Rheinsberger Festival eine Chance, auf sich aufmerksam zu machen. Die Kammeroper hat einen guten Ruf, gilt als Talentschmiede. Vor allem aber freuen sich die beiden darauf, so lange und so intensiv mit anderen jungen Musikern in der Ruhe der Rheinsberger Anlage zusammenzuarbeiten.

In Mozarts Oper sind Taminos und Paminas Eltern ja verfeindet. Ist es Zufall, dass Marija aus Serbien stammt und Goran aus Kroatien – zwei Staaten, die vor gar nicht allzu langer Zeit einen Krieg gegeneinander führten? Wir reden mit beiden darüber, als wir durch das Schloss Friedrichs II. gehen, der sich hier in Rheinsberg als Kronprinz der Musik und der Dichtung verschrieb und später als König blutige Kriege führte.

»Zum Glück sind wir jung. Wir haben den Krieg nicht erlebt«, meinen die beiden Sänger. »Es wäre doch schön, wenn unsere Konzerte hier in Rheinsberg

Nachwuchssänger Marija Mitic und Goran Cah

zeigen könnten, dass wir friedlich zusammenleben wollen und wie schön es ist zu musizieren.«

Am Nachmittag überreden wir Marija und Goran zu einer kleinen Bootspartie auf dem Rheinsberger See. Von Warenthin aus rudern wir mit einem kleinen Boot hinüber zur Remus-Insel. Der Sage nach soll hierhin der antike Rom-Gründer Remus vor seinem blutrünstigen Bruder Romulus geflohen sein. Eine andere Legende behauptet, auf dem Eiland habe sich einst das slawische Heiligtum Rethra befunden. Als gesichert kann gelten, dass Kronprinz Friedrich in seinen Sturm- und Drangzeiten Ausflüge auf die Remus-Insel unternahm – vor allem, um der höfischen Etikette zu entfliehen.

Bis zum sagenumwobenen Eiland schaffen wir es aber nicht. Wind und dunkle Wolken kündigen ein dickes Sommergewitter an. Marija lacht und sagt: »Hoffentlich gehen wir nicht unter, so wie Kate und Leonardo auf der Titanic!« Und dann beginnt sie mit klarer Stimme den Titelsong des Hollywood-Filmes zu singen: »My heart will go on …«

Schöner konnte die erste Etappe unserer Reise nicht enden.

Schloss Rheinsberg

Mühlenstr. 1 16831 Rheinsberg	03 39 31 / 72 60 www.spsg.de

Ein Sommer in
OPR LO 787
HELLA

Vom Stechlin bis zu den Seelower Höhen

Johannes Unger

Der Stechlin

»Zwischen flachen, nur an einer einzigen Stelle steil und quaiartig ansteigenden Ufern liegt er da, rundum von alten Buchen eingefasst, deren Zweige, von ihrer eigenen Schwere nach unten gezogen, den See mit ihrer Spitze berühren. Hie und da wächst ein weniges von Schilf und Binsen auf, aber kein Kahn zieht seine Furchen, kein Vogel singt, und nur selten, dass ein Habicht drüber hinfliegt und seine Schatten auf die Wasserfläche wirft. Alles still hier.« Das schrieb Theodor Fontane in seinen »Wanderungen durch die Mark Brandenburg«.

Fast ist es so, als stünde der Dichter am Ufer – mit Gehrock, Hut und Spazierstock. Wir sehen seine Silhouette und schauen mit ihm auf den See. Und doch ist etwas anders. Auf der Wasseroberfläche entdecken wir mitten im See die Umrisse einer technischen Apparatur. Sie sieht aus wie ein UFO, das im Stechlin notlanden musste – ein Oktogon aus Aluminium, Stahl und Kunststoff.

Bei dem futuristischen Fremdkörper handelt es sich um das Seelabor des Leibniz-Instituts für Gewässerökologie und Binnenfischerei. Die im Institut arbeitenden Wissenschaftler versuchen mit der riesigen Anlage zu erforschen, wie ein mitteleuropäischer See auf den Klimawandel reagiert.

Der Stechlin ist vielleicht das schönste Stück Natur, das Brandenburg zu bieten hat. 97 Millionen Kubikmeter Wasser, so sauber und rein wie sonst kein See in Norddeutschland. Entstanden ist das gut vier Quadratkilometer große Gewässer vor rund 12.000 Jahren aus einem gigantischen Eisbrocken, der am Ende der letzten Eiszeit im Norden Brandenburgs zurückgeblieben war. Die Slawen waren von der Reinheit und Anmut des Sees so beeindruckt, dass sie ihn »steklo« tauften, was so viel wie »glasklar« bedeutet.

Fast andächtig stehen wir am Ufer. Es weht ein lebendiger Wind von Nordost. Das Wasser des Stechlin kann man bedenkenlos trinken. Wegen seiner exzellenten Wasserqualität erhielt der Stechlin 2012 vom Global Nature Fund den Titel »Lebendiger See des Jahres«. Welch ein Schatz der Natur! Aber wie lange kann sich dieser märchenhafte Ort seine Ursprünglichkeit und Reinheit bewahren?

Professor Hans-Peter Grossart und sein Team versuchen, genau das herauszufinden. Das UFO im See haben Grossart und andere Limnologen (Gewässerforscher) konstruiert. Ihr Seelabor besteht aus 24 Versuchszylindern – großen Unterwasser-Reagenzgläsern, die Seebecken von jeweils neun Metern Durchmesser und 20 Metern Tiefe einschließen. Sie reichen von der Wasseroberfläche bis zum Seegrund. In den Zylindern können die Gewässerforscher Experimente umsetzen und Veränderungen der Wasserbeschaffenheit simulieren. Ein Labor unter Realbedingungen.

Professor Dr. Hans-Peter Grossart, Limnologe am Stechlin

Ein See ist ein höchst komplexes Ökosystem, und der Stechlin ist es allemal. Sämtliche Wechselwirkungen sind aufeinander abgestimmt. Alle Lebewesen – vom Mikroorganismus bis zum Süßwasserfisch – bewegen sich in abgegrenzten Lebensräumen. Das Wasser ist von der Oberfläche bis auf den Grund in ganz unterschiedliche Zonen geschichtet.

Professor Grossart und seine Mitarbeiter nehmen den Stechlin mit ihrem Seelabor unter die Lupe. Wie reagieren die Gewässerorganismen, wenn die Wassertemperatur infolge des Klimawandels steigt? Reichern sich Nährstoffe im Tiefenwasser an? Werden gar vermehrt Treibhausgase freigesetzt? Für den Gewässerschutz und die Umweltpolitik sind das wichtige Fragen.

Kurioserweise kommt den Limnologen dabei die Existenz des ehemaligen Kernkraftwerkes Rheinsberg zugute. Weil man auch schon beim Bau des Atom-

Das Leibniz-Institut für Gewässerökologie und Binnenfischerei

reaktors zur DDR-Zeit Konsequenzen für den Stechlin befürchtete, wurden seit den 1950er-Jahren Messreihen zur Wasserbeschaffenheit angelegt. Das aus dem benachbarten Nehmitzsee entnommene Wasser, das im Reaktor die Brennstäbe kühlte, floss nämlich jahrzehntelang um mehrere Grad erwärmt in den Stechlin. Interessanterweise konnte die atombetriebene Warmwasserheizung dem Stechlin nicht wirklich etwas anhaben, er hat sein reines Wesen bewahrt. Aber wird er auch dem Klimawandel und der Erderwärmung standhalten?

Theodor Fontane hat dem See mit seinem Roman »Der Stechlin« ein Denkmal gesetzt. Er erzählt darin die Geschichte eines fiktiven, märkischen Adels-

Ein junger Wissenschaftler auf dem Seelabor im Stechlin

geschlechtes, das am Großen Stechlin seinen Stammsitz hat. Fontane lässt in seinem Spätwerk noch einmal die aristokratisch-feudale Welt des preußischen Landadels im ausgehenden 19. Jahrhundert aufleben. Als Alter Ego und Hauptfigur fungiert der alte Dubslav von Stechlin, Schlossherr, Offizier und Patron – ein preußischer Junker, wie er im Buche steht. Mit ihm, so ahnt der Leser schnell, wird die alte Ordnung untergehen. Zum Inhalt der Geschichte befragt, äußerte sich Fontane kurz vor seinem Tod lakonisch: »Zum Schluss stirbt ein Alter und zwei Junge heiraten sich. Das ist so ziemlich alles, was auf 500 Seiten geschieht.« Märkische Bescheidenheit.

Fürstenberg/Havel

Wir erreichen Fürstenberg, Brandenburgs Tor nach Norden, mit einem lauten Knall. Dann folgt ein zweiter. Und bald ein dritter. Unser LO-Bus, zärtlich »Ello« genannt, macht durch temperamentvolle Fehlzündungen auf sich aufmerksam. Robur – ein Fahrzeug mit Charakter. Reinhard Rogge, die gute Seele unseres Expeditionsteams, macht ein ernstes Gesicht. Auch der gelernte Landmaschinen-Mechaniker und Hobby-Tüftler kann sich die eigenwilligen Unmutsäußerungen seines treuen Begleiters nicht erklären. Er murmelt etwas von Abstand der Zündkerzen, Schnellstoppdüse und Zündverteiler. Dann fahren wir bei der Tankstelle am Ortseingang rechts ran.

Überall, wo wir anhalten, ist unser Robur die Attraktion. Als Reinhard die Motorhaube öffnet, um die Zündabläufe zu kontrollieren, kommen sofort freiwillige Helfer dazu – der Tankwart, ein Motorradfahrer, ein schwedischer Campingfreund. Sie alle kriechen förmlich in den Bauch des LO hinein und fachsimpeln lebhaft über die möglichen Ursachen des Defekts. Das Problem dabei ist: Alle haben eine andere Meinung – wie Quacksalber am Bett eines Todkranken. Am Ende tauscht Reinhard die Zündkerzen aus, in der Hoffnung, den Keuchhusten seines geliebten Robur gelindert zu haben. Wir werden sehen, ob die Reparatur erfolgreich war …

Als wir in die Stadt hineinfahren, begrüßen uns selbstgemalte Schilder und Transparente am Straßenrand: »Weg mit der B96!« oder »Ortsumfahrung jetzt!« Schnell wird deutlich: Wir bewegen uns auf einer Nervenbahn der Stadt Fürstenberg, an der sich massiver Streit entzündet hat. Viele Fürstenberger leiden unter dem Lärm, den der Autoverkehr auf der Bundesstraße Tag und Nacht erzeugt. Die B96 durchschneidet den Ort wie eine Stichsäge. Hunderte, Tausende Autos und Lkw donnern durch das Zentrum und verbreiten Krach und Gestank. Als wir auf den Marktplatz zurollen, hoffen wir inständig, dass nicht eine weitere Fehlzündung einen genervten Fürstenberger Bürger zu einem Wutausbruch provoziert.

Doch das Gegenteil ist der Fall. Am Rathaus empfängt uns Carola Hoheisel, die Stellvertreterin des Bürgermeisters, herzlich und mit einem Lachen. Sie will uns ihre Stadt, in der sie geboren ist und als Leiterin des Ordnungs- und des Liegenschaftsamtes Verantwortung übernommen hat, zeigen. Die markanten Orte, an die sie uns führen möchte, liegen alle an der stark befahrenen Durchgangsstraße: die Havel-Schleuse am Eingang der Innenstadt, die alte Burg, die einst den Verkehrsweg zwischen Mark und Ostseeküste bewachte, und das barocke Schloss, das mit seiner Front auf den Schwedtsee schaut.

Die Stadt Fürstenberg ist umgeben von Seen und Havel-Armen

Alle drei Stationen künden von der bewegten Geschichte der kleinen Stadt, die auf einer Insel zwischen mehreren Havelseen und -armen liegt. Die neue Schleusenanlage, die den Wasserstand der Havel zwischen Baalensee und Röblinsee ausgleicht, ist der ganze Stolz der Stadt. Und eine wichtige Einnahmequelle. Denn hier passieren im Sommer unzählige Freizeitboote den Ort zwischen Mecklenburgischer Seenplatte und Berlin. Carola Hoheisel hält mit der Schleusenwärterin ein Schwätzchen. Die beiden Frauen kennen sich seit Jahrzehnten.

Auf der B96, die sich im Zentrum mit Namen wie »Brandenburger Straße« und nach Norden hin sogar als »Unter den Linden« tarnt, gehen wir unter ohrenbetäubendem Lärm Richtung Schloss. Wer hier in der Innenstadt an einer der Häuserschluchten wohnt, muss tatsächlich starke Nerven haben und die Nachttischschublade voller Ohropax. Seit Jahren kämpfen Bürger und Stadtverwaltung für eine neue Ortsumgehung. Doch eine Lösung ist nicht in Sicht. Das Problem: Für eine Umgehungsstraße gibt es keinen Platz. Auf der einen Seite befindet sich das Naturschutzgebiet, auf der anderen die Gedenkstätte des ehemaligen Konzentrationslagers Ravensbrück.

Fürstenberg hat das zweifelhafte Privileg, Brandenburgs einzige Stadt zu sein, durch deren Kern eine Europastraße führt. Als E 251 verbindet die Bun-

Das Team in der ehemaligen russischen Kolonie von Fürstenberg

desstraße 96 Stralsund und Neubrandenburg mit Berlin. Lkw-Fahrer nutzen die Strecke gern, um die mautpflichtigen Autobahnen zu umgehen. Der Streit um ihre Verlegung dauert nun schon mehr als zwei Jahrzehnte. Aber Carola Hoheisel will nicht nur von den Problemen ihrer Stadt berichten, sie will zeigen, wie schön Fürstenberg ist, und wie sehr sich die Garnisonsstadt nach dem Abzug der sowjetischen Streitkräfte gemausert hat. Die meisten Bürgerhäuser, der Marktplatz und die teils denkmalgeschützten Straßenzüge sind aufwendig saniert. Fürstenberg wäre ein Kleinod – würden nicht täglich mehr als 10.000 Fahrzeuge durch die Innenstadt rattern.

Der nächste Problemfall thront düster auf einem Hügel im Zentrum – die alte Burg, einst Festung im Grenzland zwischen der Mark Brandenburg, Mecklenburg und Pommern. Nach höchst wechselvoller Geschichte dienten die Gemäuer in der DDR zuletzt als Schule. Seit Jahren steht das Denkmal nun zum Verkauf. Carola Hoheisel, deren Eltern in Fürstenberg eine Gastwirtschaft betrieben, erinnert sich, wie sie als Kind in den Gewölben Unterricht hatte und auf dem Burghof in den Pausen Fangen spielte. Als Leiterin des Liegenschaftsamtes bemüht sie sich seit Jahren um einen Verkauf und ein geeignetes Nutzungskonzept. Sie träumt von einem Kultur- und Begegnungszentrum für die Stadt. Allein, es fehlt ein Investor. Einmal war die Burg schon verkauft – für eine D-Mark. Aber der Käufer war mit der Aufgabe überfordert und erwies sich als nicht seriös.

Dem Schloss von Fürstenberg gleich nebenan erging es kaum besser. Zur DDR-Zeit als Krankenhaus und Poliklinik genutzt, steht das prächtige Gebäude seit Jahren leer. Ein Unternehmer von der Küste hat die Anlage zwar gekauft und den Schlossbau im Kern saniert, doch für weitere Investitionen fehlen dem Hotelier offenbar der Mut oder/und das Geld. Carola Hoheisel und die Stadtverwaltung hoffen noch immer, dass die Pläne für ein Wellness-Hotel irgendwann Wirklichkeit werden. Aber wie so viele Kommunalverantwortliche ist auch die stellvertretende Bürgermeisterin von Fürstenberg skeptisch – oder besser: realistisch geworden.

Carola Hoheisel, stellvertretende Bürgermeisterin der Stadt Fürstenberg

Zum Schluss will uns die engagierte Verwaltungsexpertin noch den »Fisch-Kanu-Pass« zeigen, einen kleinen Wasserweg durch die Stadt, den Touristen mit ihrem Boot nutzen können, eine Art Canal Grande durch Fürstenberg. Doch dann fängt es an, in Strömen zu gießen. Wir flüchten uns in ein Café in der Altstadt. Es gibt leckeren Kuchen, und Carola Hoheisel erzählt weiter begeistert und begeisternd von ihrer Heimatstadt und ihren Plänen für die Zukunft. Ihr Optimismus wirkt so ansteckend, dass wir am Ende des Tages sicher sind: Fürstenberg stehen gute Jahre bevor.

Fürstenberger Seenland

Markt 5 16798 Fürstenberg/Havel	03 30 93 / 3 22 54 www.fuerstenberger-seenland.de

Ravensbrück

Am nächsten Morgen scheint wieder die Sonne. Die Oberfläche des Schwedtsees blinkt wie ein Spiegel. Eine friedliche Gegend, möchte man meinen. Kaum vorstellbar, dass sich am anderen Ufer einmal ein Ort befand, den man das Tor zur Hölle nennen könnte – das Konzentrationslager Ravensbrück.

Nahe dem damaligen Luftkurort Fürstenberg ließ das NS-Regime im Jahr 1939 das größte Frauenkonzentrationslager auf deutschem Boden errichten. Bis zum Ende der nationalsozialistischen Schreckensherrschaft wurden hier mehr als 130.000 Frauen, Jugendliche und Kinder inhaftiert und zur Sklavenarbeit gezwungen. Die nach Ravensbrück Deportierten stammten aus Deutschland und den besetzten Gebieten in ganz Europa – Widerstandskämpferinnen, Künstlerinnen, Ordensschwestern, Jüdinnen, Sinti und Roma, aber auch sogenannte »Asoziale«, »Volksschädlinge« oder »Arbeitsscheue«. Zehntausende wurden ermordet, starben an Hunger, Krankheiten oder an medizinischen Experimenten. Kurz vor Ende des Krieges ließ die SS in Ravensbrück 5.000 bis 6.000 Häftlinge vergasen.

Ilse Heinrich und Charlotte Kroll haben das KZ Ravensbrück überlebt. Die Leitung der Gedenkstätte hat für uns den Kontakt zu ihnen hergestellt. Beide Frauen sind inzwischen über 90 Jahre alt, wohnen in Berlin und haben sich bereit erklärt, für unsere Dreharbeiten an den Ort ihrer Pein zurückzukehren. Sie gehören zu den wenigen, die uns noch von dem Leid der Frauen von Ravensbrück berichten können. Die beiden Zeitzeuginnen sind schon häufiger in der Gedenkstätte gewesen – zu Treffen der ehemaligen Häftlinge, zu Begegnungen mit Jugendlichen oder zu den Veranstaltungen am Jahrestag der Befreiung. Aber leicht fällt es ihnen nie. Bei der Begrüßung am Besucherzentrum sind sie noch gut gelaunt und scherzen miteinander. Das ändert sich sofort, als wir die beiden Rollstühle mit den beiden Überlebenden durch das Eingangstor auf das Lagergelände schieben.

Ilse Heinrich erinnert sich daran, wie sie im Sommer 1944 als junges Mädchen nichtsahnend in Ravensbrück eintraf, wohin sie geschickt worden war, weil sie in den Augen der Behörden als renitent und schwer erziehbar galt. Sie beschreibt, wie ihr in der Baracke hinter dem Tor die Haare abgeschoren wurden. Weiter kann sie nicht erzählen. Tränen ersticken ihre Stimme.

Auch Charlotte Kroll beschreibt ihre Ankunft in Ravensbrück: »Ich komme in das Tor rein: Da waren nur Gestalten, Gerippe, keine Haare auf dem Kopf! Ich wusste gar nichts, dachte: ›Was ist denn hier los?‹« Auch der jungen Frau aus Sachsen war nicht klar, warum man sie ins Lager geschickt hatte.

Ilse Heinrich, Überlebende des KZs Ravensbrück

Der Gang über das Gelände ist auch für uns bedrückend. Immer seltener stellen wir Fragen. Die Sonne brennt auf den Schotterplatz, auf dem sich einst die Baracken aneinanderreihten. Einige wenige sind stehengeblieben, zum Beispiel die alte »Schneiderei«, in der Ilse Heinrich und andere Häftlingsfrauen Uniformen für die Wehrmacht fertigen mussten. Aus ihrem Rollstuhl heraus macht sie schlagende Bewegungen mit dem Arm und zeigt, wie ein berüchtigter SS-Aufseher die Häftlingsfrauen brutal zur Arbeit antrieb und schikanierte.

Charlotte Kroll musste auf einem anderen Teil des Geländes in einer Produktionshalle von Siemens & Halske arbeiten. Der Berliner Elektrokonzern hatte am Rand des Lagers ein Werk für Rüstungsgüter errichtet. Mehr als 2.000 Häftlinge mussten hier Schaltkreise und Elektrospulen für Flugzeugmotoren und U-Boote fertigen. Die junge Frau aus Sachsen hatte das große Glück, als eine von ganz wenigen Häftlingen das KZ nach rund einem Jahr wieder verlassen zu dürfen. »Viel länger hätte ich das auch nicht durchgehalten!«, erinnert

Ort des Schreckens: Mehr als 130.000 Frauen waren hier inhaftiert

sich die heute 92-Jährige. »Als ich nach Hause kam, hat mich meine Mutter zuerst gar nicht erkannt!« Erst nach ihrer Heimkehr erfuhr sie, warum sie nach Ravensbrück gekommen war. Sie hatte in der sächsischen Munitionsfabrik, in der sie daheim dienstverpflichtet worden war, einer schwangeren russischen Zwangsarbeiterin Babykleidung zugesteckt. Ohne Prozess und Angabe von Gründen war sie vom Gefängnis Dresden nach Ravensbrück »überstellt« worden. Als »Politische« musste sie im Lager den »roten Winkel« auf dem Ärmel der Häftlingskleidung tragen. »Wir waren alles – bloß keine Menschen …«, erinnert sich Charlotte Kroll an die Drangsalierungen und die Prügel der Bewacher. Das Gebell der Wachhunde, die Kommandos auf dem Appellplatz, die Schüsse in der Nacht – alles ist noch da, wenn sie die Augen schließen.

Für die Frauen, die das Martyrium von Zwangsarbeit, Folter und Haft überlebt hatten, bedeutete die Befreiung des Lagers durch die Rote Armee nicht unbedingt die Rettung. Ilse Heinrich erzählt, wie sie an einem Frühlingstag Ende April 1945 halb verhungert, verlaust und entkräftet auf allen vieren über den Schotter durch das Tor nach draußen gekrochen sei. Die Wachmannschaften hatten das Lager fluchtartig verlassen. Eine Krankenschwester habe sie in die Villa des geflohenen SS-Kommandanten gebracht. Dort sei sie ein wenig zu Kräften gelangt – bis russische Soldaten kamen, um sich zu nehmen, was ihnen

Überlebende Charlotte Kroll und das »Führerhaus« des Lagers

ihrer Meinung nach von deutschen Frauen zustand. Das bedeutete: Vergewaltigung statt Befreiung.

Ilse Heinrich und Charlotte Kroll sind sich im Lager damals nicht begegnet. Erst später, vor einigen Jahren, haben sie sich bei einer Veranstaltung in der Gedenkstätte kennengelernt. Seitdem sind die beiden unzertrennlich. Zu Veranstaltungen der Gedenkstätte und zu den Gesprächen mit Besuchern kommen sie nur gemeinsam. Sie wollen einander Halt geben, und sie wollen, dass ihre Erinnerungen weitergegeben werden.

Mahn- und Gedenkstätte Ravensbrück

Heinrich-Grüber-Platz 1–3
16515 Oranienburg

03301/810912
www.stiftung-bg.de

Kröchlendorff

Welch bittere Ironie: Gleich hinter dem ehemaligen Gelände des KZs Ravensbrück geht es ab nach Himmelpfort. Idyllisch liegt das Dorf eingebettet zwischen mehreren Seen. Neben der wunderbaren Natur ringsum verfügt es über zwei Sehenswürdigkeiten: die Ruine des Zisterzienserklosters und das Weihnachtspostamt. Die Klosteranlage kündet bis heute von der Energie und der Willenskraft der Mönche, die im Mittelalter das Land östlich von Havel und Elbe kolonialisierten. An das Himmelpforter Postamt schreiben Kinder aus aller Welt, um dem Weihnachtsmann ihre Wünsche zum Weihnachtsfest mitzuteilen – und bekommen in der Regel sogar Antwort.

Himmelpfort ist der Eingang zur Uckermark. Wir nehmen die Landesstraße 15 nach Osten in Richtung Prenzlau. Ausgedehnte Waldstücke, Wiesen, Felder und Seen wechseln sich ab. Wir passieren Lychen, die »Flößerstadt«, die diesen Beiname trägt, um daran zu erinnern, dass von hieraus auf den Gewässern ringsum Holz bis nach Berlin und Hamburg transportiert wurde. Nach einer längeren Fahrt durch dichten, alten Wald taucht in einer Senke plötzlich ein imposantes Bauwerk auf: Schloss Boitzenburg – das »märkische Neuschwanstein«.

Jörg Johow und sein Assistent Hannes Richter sind wieder aus Berlin zu uns gestoßen. Mit der Kamera-Drohne wollen sie die weiß und rot leuchtenden Fassaden und spitzen Türmchen abfilmen. Schloss Boitzenburg war über Jahrhunderte Stammsitz der Familie von Arnim und bildete den Mittelpunkt eines weit verzweigten Geflechts von Besitztümern und Ländereien.

Als Lehnsritter hatten die von Arnims im Mittelalter den märkischen Fürsten bei der Kolonisierung der Gebiete zwischen Elbe und Oder geholfen und vor allem in der Uckermark Fuß gefasst. Bis zum Ende der Kaiserzeit galt die Familie als eines der mächtigsten und einflussreichsten Adelsgeschlechter Preußens. Aus ihm gingen bekannte Staatsmänner, Militärs und Dichter hervor.

Die meisten Dörfer in der nahen und weiteren Umgebung von Boitzenburg sind mit der Geschichte der von Arnims eng verbunden. In einem Gedicht, das allen Familienmitgliedern quasi in die Wiege gelegt wurde, spiegeln sich Stolz und Selbstbewusstsein dieses märkischen Clans wider:

Das Herz an rechter Stelle,
Den Geist in rechter Helle,
Die Augen aufgemacht,
Gehandelt wie gedacht,
Das ist die Heldenkraft,
Die alle Siege schafft.

Die neugotische Schlosskapelle von Kröchlendorff

Mit dem Ende des Zweiten Weltkriegs ging die Welt der von Arnims und der anderen preußischen Adelsfamilien unter. Fast alle Großgrundbesitzer flohen nach Westen und ließen ihre Schlösser, Herrenhäuser und Ländereien zurück. Die sowjetischen Besatzer und später die Regierenden der DDR verteilten das Land mit der Losung »Junkerland in Bauernhand« zunächst an Flüchtlinge, Umsiedler und Kleinbauern (Bodenreform), später zwangen sie diese in Genossenschaften (Kollektivierung) und veränderten damit die soziale Struktur der märkischen Dörfer grundlegend.

Mit der deutschen Wiedervereinigung stellte sich die Frage, wie die Besitzverhältnisse neu geordnet werden sollten. Der Staat löste die Frage nach eigenem Interesse. Der größte Teil des Landbesitzes blieb in seiner Hand, eine Rückübertragung an die ehemaligen Großgrundbesitzer wurde nie ernsthaft erwogen – sie wäre sicher auch weder gerecht noch zeitgemäß gewesen. Auch die großen Produktionsgenossenschaften profitierten, sie wurden vielfach in privatwirtschaftliche Firmen umgewandelt und konnten ihre Ländereien oft weiter bewirtschaften. Ein gigantischer Transformationsprozess.

Wir fahren an der Gollmitzer Mühle vorbei durch die uckermärkische Hügellandschaft. Hinter endlosen Getreidefeldern zwischen Baumkronen leuchtet die weiße Fassade eines Herrenhauses auf: Kröchlendorff – auch ein Arnim-

Schloss Kröchlendorff und Barbara und Matthias von Oppen

Schloss. Die kleine Dorfstraße und der Platz davor sind mit Autos zugeparkt. Der Eingang der neugotischen Kapelle ist mit Blumen geschmückt. Heute wird wieder geheiratet in Kröchlendorff. Das Schloss fungiert seit einigen Jahren als beliebtes Hochzeitshotel.

Wir sind verabredet mit den Bewohnern des Verwalterhauses nebenan. Barbara und Matthias von Oppen leben seit rund 20 Jahren hier. Sie sind das, was man in den Jahren nach der Wende »adlige Rückkehrer« nannte. Matthias von Oppen stammt aus Fahrenholz, einem Ort rund 30 Kilometer entfernt. Barbara von Oppen ist eine geborene von Arnim. Ihr Großvater war Schlossherr von Kröchlendorff, ihr Vater leitete den landwirtschaftlichen Betrieb. Die Uckermark kannte sie nur aus Erzählungen. 1987, noch zur DDR-Zeit, kam sie zum ersten Mal mit ihren Eltern nach Kröchlendorff. Beim Anblick des Schlosses, der ramponierten Hofanlagen und der verfallenen Gebäude sah sie ihren Vater zum ersten Mal weinen.

Wege übers Land – unterwegs in der Uckermark

1993 erlebt sie dann ihre persönliche Wende. Bei einem morgendlichen Spaziergang durch die Felder sieht sie über dem Dorf die Sonne aufgehen und trifft die Entscheidung, gemeinsam mit ihrer Familie in Brandenburg noch einmal neu anzufangen. Die von Oppens sind viel in der Welt herumgekommen, haben einige Jahre sogar in Indien gelebt. Der Neustart in Brandenburg war alles andere als leicht. Barbara von Oppen machte eigens eine landwirtschaftliche Ausbildung und baute Stück für Stück den Betrieb auf. Ihr Mann pendelte als Professor für Agrarökonomie zwischen Stuttgart und der Uckermark. Die Kinder gingen in Prenzlau zur Schule.

Mit offenen Armen wurden die Neuankömmlinge nicht empfangen. Doch nach und nach wurde aus abwartender Neugierde der Dorfbewohner Anerkennung und Respekt. Die meisten Alteingesessenen haben erkannt, dass es die adligen Rückkehrer ernst meinen mit ihrem Engagement. Inzwischen haben die von Oppens längst neue Wurzeln geschlagen. Zum Erhalt der Anlagen rings um das Schloss haben sie nach Kräften beigetragen.

Die neugotische Kapelle war schon länger verfallen, die Gruft wurde 1945 von sowjetischen Soldaten geplündert. Es waren die verbliebenen Bewohner des Dorfes, die für die restlichen Särge und Gebeine der Vorfahren nebenan einen kleinen Friedhof anlegten und sie dort beisetzten. »Wir haben lange in

Gärtner Hauke kam als Flüchtlingsjunge nach Kröchlendorff

Indien gelebt und hatten eigentlich den Entschluss gefasst, dass nach unserem Tod unsere Asche im Fluss Ganges verstreut würde«, sagt Barbara von Oppen. Dann aber seien sie nach Kröchlendorff gekommen und hätten hier noch einmal ganz von vorne angefangen. »Jetzt wissen wir, wo wie begraben werden wollen – hier in dieser Erde.«

Wir lernen an diesem Tag auch Familie Hauke kennen, die seit Jahrzehnten die kleine Schlossgärtnerei betreibt. Die Geschichte des Dorfes sehen sie aus einer anderen Perspektive. Großvater Hauke kam als Flüchtlingskind mit seinen Eltern aus der Neumark nach Kröchlendorff und erlebte, wie das adlige Landgut in einen sozialistischen Musterbetrieb mit angeschlossenem Schießplatz für die sowjetischen Panzer umgewandelt wurde. Zweifel am System keimten bei dem jungen Gärtner erstmals auf, als ihm befohlen wurde, zur Planerfüllung statt Blumen Kartoffeln anzubauen. Die von Oppens und die Haukes sind inzwischen gute Nachbarn. Als Gärtner Hauke bei Aufräumarbeiten im Park die alte Glocke fand, mit der einst die Bediensteten auf dem Gut der Arnims zur Arbeit gerufen wurden, brachte er das gute Stück zum Verwalterhaus. Dort hängt sie nun wieder an ihrem alten Platz.

Ländliche Idylle im Norden Brandenburgs

Wir machen mit dem Ehepaar von Oppen einen Spaziergang durch die Feldmark. Der Weizen knistert in der Nachmittagssonne. »Das ist die Kornmuhme!«, warnt uns Barbara von Oppen mit einem Lächeln. Die »Muhme«, das sei ein Schreckgespenst, das Kinder in früheren Zeiten abhalten sollte, das Getreide auf den Feldern zu zertreten.

Von einem bewaldeten Hügel etwas außerhalb hat man einen schönen Blick auf Kröchlendorff und die neugotischen Türmchen des Schlosses. Etwa an diesem Punkt hat Barbara von Oppen damals, 1987, gestanden, als sie mit ihren Eltern und ihrem Großvater das Heimatdorf zum ersten Mal besuchte. An eine Rückkehr war in dieser Zeit nicht zu denken. Aber in diesem Augenblick habe sie irgendetwas im Herzen berührt, erinnert sich Barbara von Oppen.

Das Ehepaar führt uns in das Wäldchen hinein. Versteckt hinter Blättern und Ästen erkennen wir Mauerreste und Fensterbögen. Wir stehen vor der »Wüsten Kirche«, der Ruine des Gotteshauses, das vor Jahrhunderten hier gestanden hat. Dorf und Kirche wurden aufgegeben, nachdem im 14. Jahrhundert die Pest die Gegend heimgesucht und »verwüstet« hatte. Uns kommt eine Frage in den Sinn: Welche dramatischen und schicksalhaften Umbrüche hat dieses Brandenburg in seiner Geschichte schon erlebt und wie friedlich liegt jetzt das uckermärkische Dorf Kröchlendorff in den goldgelb leuchtenden Getreidefeldern?

Prenzlau

Maziehrullah Qaderi ist in Prenzlau schon so etwas wie eine kleine Berühmtheit. Der *Nordkurier* hat über ihn berichtet, das Lokalfernsehen und sogar die Nachrichtensendung »Brandenburg Aktuell«. Positiv gesprochen könnte man sagen: Der junge Mann aus Afghanistan verkörpert ein gelungenes Beispiel von Integration in den neuen Bundesländern. Negativ ausgedrückt: Der gelernte Sozialarbeiter, der mit seiner Familie vor zehn Jahren wegen des Krieges in seiner Heimat nach Deutschland kam, ist einer der wenigen Migranten, die trotz Ablehnung und vieler Anfeindungen den Mut hatten, sich in Brandenburg ein neues Leben aufzubauen.

Maziehrullah Qaderi, genannt »Marzi«, betreibt in Prenzlau seit einiger Zeit ein kleines Unternehmen zur Seniorenbetreuung. Der 21-Jährige hat während seiner Ausbildung ein Praktikum in der Altenpflege gemacht und dabei seinen Berufswunsch entdeckt. Als wir ihn am Telefon fragen, wo wir ihn treffen können, sagt er sofort: »Bei Oma Berta!«

Berta Teipelke wohnt in Fürstenwerder in einer Senioren-Wohngemeinschaft. Sie ist 103 Jahre alt und hat so einiges erlebt. Den jungen dunkelhaarigen Mann aus Afghanistan, der ihr als Schülerpraktikant immer vorlas, hat sie ins Herz geschlossen. Als wir zusammen mit dem Jungunternehmer das Haus in Fürstenwerder betreten, ruft die alte Dame erfreut: »Marzi! Mein Marzi!« Die Begegnungen mit Oma Berta haben Maziehrullah Qaderi damals bestärkt, nach dem Abitur eine Ausbildung als Sozialarbeiter zu machen und eine eigene Firma zu gründen. Sein kleines Start-up-Unternehmen hat gerade die Arbeit aufgenommen. Er hat schon etliche Kunden. Pflegebedürftige Senioren gibt es in Prenzlau und Umgebung viele, Menschen, die pflegen wollen, nicht. Als wir Oma Berta fragen, ob es nicht eigentümlich sei, von einem jungen Mann aus Afghanistan betreut zu werden, entgegnet sie: »Wissen Sie, ich weiß, was es bedeutet, seine Heimat zu verlieren! Ich selbst komme aus Ostpreußen und musste nach dem Krieg fliehen. Ich weiß, wie schwer es ist, eine neue Heimat zu finden. Und ich habe kein Verständnis für die Menschen, die herzlos auf Fremde schimpfen. Wir sind doch alle nur Menschen!«

Marzi will uns noch einen anderen Ort zeigen. In einem Dorf etwas außerhalb von Angermünde sind sie damals gestrandet. Seine Eltern hatten beschlossen, mit den Kindern Afghanistan zu verlassen. Sein Vater stand als Richter auf der Todesliste der Taliban. Die ersten Jahre verbrachten sie in einem Asylbewerberheim in Crussow. An diese Zeit hat Marzi traumatische Erinnerungen: die Zustände in der Übergangseinrichtung, der schwindende Mut der Eltern – vor

Maziehrullah Qaderi (Mitte) mit seiner Familie in Prenzlau

allem aber die Ablehnung durch die Einheimischen. Ganz besonders die Fahrten mit dem Schulbus bedeuteten für die afghanischen Geschwister ein Spießrutenlaufen. Regelmäßig wurden die Flüchtlingskinder beschimpft oder gar geschlagen. »Wenn alle Sitzplätze besetzt waren, mussten wir den deutschen Schülern Platz machen, sonst gab es sofort Schläge!«, erinnert sich Marzi. Erst mit dem Umzug der Familie in die Stadt Prenzlau habe sich die Lage deutlich verbessert. Hier waren die Nachbarn und Mitschüler dann viel freundlicher und offener. »Fast alle anderen Flüchtlingsfamilien haben Brandenburg verlassen. Keine außer uns hat es hier ausgehalten …«

Marzi, seinen Geschwistern und seinen Eltern muss es viel Mut abverlangt haben, in der brandenburgischen Provinz zu bleiben. Die Familie lebt seit der Zeit im Crussower Asylbewerberheim in einer Prenzlauer Plattenbausiedlung. Die Eltern sind nach wie vor arbeitslos, Marzi will sie in seine neue Firma einbeziehen. Die Schwester hat einen guten Job bei einer Wohnungsbaugesellschaft. Im Wohnzimmer steht ein großer Fernseher, der dank Satellit sogar Sendungen aus der Heimat Afghanistan übertragen kann.

Marzis Eltern haben uns zum Abendessen eingeladen. Es ist Zuckerfest, ein hoher muslimischer Feiertag. Die Fastenzeit ist zu Ende, ab heute darf wieder gegessen werden. Marzis Mutter hat afghanische Spezialitäten zubereitet,

Markus Göen (links) und Andreas Fennert vor dem Windpark Prenzlau

Lammfleisch, Auberginen und exotisch duftenden Safranreis. Als Nachtisch gibt es allerlei Süßigkeiten. Marzis Vater erzählt von seiner Heimat, und wie es war, als er Richter in Kabul und ein angesehener Mann war. Auf dem Flachbildschirm läuft eine Musikshow des afghanischen Fernsehens. Das Kuriose: Der Moderator und die Sängerin werden von schwer bewaffneten Soldaten flankiert. »Falls es einen Anschlag der Taliban gibt!«, erklärt Marzi lakonisch.

Brandenburg ist »Windland«. Als wir die Stadt Prenzlau verlassen, wird dies besonders deutlich. Die Hügel ringsum sind mit unzähligen Windkraftanlagen gespickt. Deren Rotorblätter drehen sich gemächlich im leichten Ostwind.

Wir sind verabredet mit einem Expertenteam der Firma IFE Eriksen. Das Unternehmen mit Sitz in Oldenburg betreibt zahlreiche Windparks in Norddeutschland und in Brandenburg, einen davon am Stadtrand von Prenzlau. Mechaniker Markus Göen ist am Morgen aus der niedersächsischen Zentrale in die Uckermark gekommen, er soll im Auftrag von Regionalleiter Andreas Fennert die fünf Anlagen auf den Schenkenberger Hügeln durchchecken. Göen ist ein Kerl wie ein Baum. Die Arbeit in schwindelerregender Höhe macht ihm nichts

Gesichert wie Bergsteiger und bereit zum Aufstieg

aus. Obwohl in der stählernen Kanzel wenig Platz ist, dürfen wir mit nach oben auf die Anlage. Alle werden wie Bergsteiger mit Helmen, Karabinern und Seilen gesichert. Nacheinander geht es im schmalen Aufzug hoch in die sogenannte Gondel. Der Blick übers Land ist atemberaubend.

Im Land Brandenburg gibt es inzwischen mehr als 3.000 Windkraftanlagen. Sie erzeugen knapp 5.000 Megawatt Strom – das entspricht der Leistung von rund fünf Atomkraftwerken. Die Windenergie ist damit wichtigster Baustein der Energiewende. Im bundesweiten Vergleich liegt Brandenburg nach Niedersachen auf Platz zwei. Doch so sehr sich die meisten Menschen an den Anblick der riesigen Windräder gewöhnt haben, vielerorts gibt es darüber Streit und Konflikte. Anwohner und Naturschützer fürchten die Belästigung durch Lärm und die Beeinträchtigung des Landschaftsbildes. Die Ingenieure von Eriksen kennen die Auseinandersetzungen, dennoch schwören sie auf die Windenergie. Keine Energieform sei so umweltschonend und zuverlässig. Nachdem wir das alte Kernkraftwerk Rheinsberg besucht haben, werden wir zum zweiten Mal mit der Diskussion um die Zukunft der Energieversorgung konfrontiert. Auf unserer Stecke liegen im weiteren Verlauf auch die großen Tagebaugebiete in der Lausitz. Auch dort geht es um die existenzielle Frage, wie in Zukunft am besten Energie gewonnen werden soll …

Von Brüssow nach Altkünkendorf

Wir nehmen die Landstraße Richtung Nordosten. Brüssow ist einer der letzten Orte in Brandenburg vor der Grenze nach Mecklenburg-Vorpommern. Eine Ankündigung in der Lokalzeitung hat uns aufmerksam gemacht: An diesem Wochenende großes Ostfahrzeug-Treffen in Brüssow! Mit unserem alten Robur-Bus sind wir dort sicher richtig. Der Campingplatz am See, auf dem die Oldtimer-Veranstaltung stattfinden soll, ist nicht zu verfehlen. Vom Gelände kommen uns schon knatternd etliche Trabbis und Wartburgs entgegen. Es ist Sonntagvormittag, und offenbar scheint sich das Lager der DDR-Autofreunde bereits aufzulösen.

In der Tat erregen wir bei unserer Ankunft einiges Aufsehen. Einen himmelblauen Robur-Bus in Diensten des rbb Fernsehen sieht man nicht alle Tage. Eine Attraktion sind wir dennoch nicht. Vom NVA-Trabi bis zum Lkw Garant gibt es die ungewöhnlichsten Fahrzeuge aus DDR-Produktion, teilweise bunt lackiert und hochgetunt. Zudem sind die meisten Oldtimer-Freunde nicht sehr gesprächig an diesem Morgen. Offenbar hat man am Vorabend lange gefeiert und ist ohnehin lieber unter sich. Diverse DDR-Fahnen, Embleme und Warnschilder zeigen deutlich, dass nicht alle Gäste gleichermaßen willkommen sind.

Reinhard Rogge, unser Fahrer, fachsimpelt noch mit einigen Robur-Experten. Unser LO-Bus kränkelt nach wie vor und leistet sich immer wieder Fehlzündungen. Trotzdem fahren wir weiter Richtung Süden.

Die DDR lässt grüßen: Oldtimer-Fan in Brüssow und »Ernteschlacht« in der Uckermark

Kunst und Idylle: der Louisenhof in Altkünkendorf

Dieser Sonntag ist hochsommerlich heiß und sonnig. Die Staubwolken über den Feldern zeigen deutlich: Es ist Erntezeit. Die Bauern nutzen jede trockene Stunde, um das Getreide abzuernten. Wie gefräßige Heuschrecken kämpfen sich die riesigen Mähdrescher der großen Produktionsgenossenschaften über die Hügel der östlichen Uckermark. Wir halten am Straßenrand und dürfen aufsitzen. Die modernen Erntemaschinen sind klimatisiert und computergesteuert – für die Fahrer, die als Saisonarbeiter angeheuert sind, ist es trotzdem ein harter Job. Die Ernte werde gut in diesem Jahr, meinen die Männer.

Mit reichlich Verspätung kommen wir zum Louisenhof bei Altkünkendorf. Annette Tucholke hat eigens für uns gekocht und einen Kuchen gebacken. Die Dreharbeiten beim Oldtimer-Treffen und bei der Ernte haben uns aufgehalten.

Blick in die Werkstatt, wo auch die »Goldene Henne« entstand

Trotzdem begrüßt uns die Künstlerin herzlich. Den Weg zu finden, war gar nicht einfach. Die Gegend um den Wolletzsee ist hügelig und dicht bewaldet. Größere Straßen gibt es nicht, nur Waldwege und holpriges Kopfsteinpflaster.

Aber genau aus diesem Grund sind Annette Tucholke und ihr Mann Christian Bonnet nach Altkünkendorf gekommen. In der Ruhe und Abgeschiedenheit können sie so leben und arbeiten, wie sie es sich vorstellen. 1987 hatte Christian Bonnet nach dem Ende seines Bildhauer-Studiums in Berlin das alte Bauerngehöft in der Uckermark entdeckt und beschlossen, hierherzukommen. Kurz vor unserem Besuch hatte der Künstler einen Schlaganfall, Annette Tucholke wartet auf seine Rückkehr aus dem Krankenhaus und empfängt uns deshalb allein.

Das Gelände des Louisenhofes gleicht einem Freilichtmuseum. Zwischen dem Wohnhaus und der Scheune steht ein alter Bauwagen, der vor mehr als 150 Jahren einem Handwerker aus Neuruppin als fahrende Werkstatt diente. Im Garten verstreut entdecken wir überall Plastiken und Skulpturen, in den Blumenrabatten liegen alte Grabsteine, mit Verzierungen, Namen und Inschriften. »Die haben wir von einem Berliner Friedhof gerettet! Wir wollten nicht, dass sie einfach so zerstört werden …«, erzählt Annette Tucholke. Das Sammeln von Alltagsgegenständen, das Aufbewahren und Uminterpretieren von Geschichten sind Motive ihrer Arbeit.

Annette Tucholke und ihr Mann Christian Bonnet

Dann führt sie uns in die alte Scheune, die sie mit ihrem Mann zum Atelier umgewandelt hat. Werkstatt und Galerie sind ein buntes Durcheinander von Farben und Formen. Räder und Figuren drehen sich spielerisch, die Plastiken und Installationen strahlen eine besondere Heiterkeit und etwas Spielerisches aus. Auf der Fensterbank steht ein Exemplar der »Goldenen Henne«. Die schwere Bronze-Skulptur für den beliebten Fernsehpreis hat Christian Bonnet geschaffen. »Es wäre natürlich viel schöner, wenn mein Mann dabei sein könnte, um Ihnen seine Kunst zu erklären«, meint Annette Tucholke. Dann gehen wir zur Terrasse am Wohnhaus und essen den selbstgebackenen Kuchen.

Atelier Louisenhof 2

Louisenhof 2	03 33 37 / 339
16278 Altkünkendorf	www.louisenhof2.de

Groß Dölln und das Forstrevier Schorfheide

Die Schorfheide ist eine Gegend voller Geheimnisse. In den dichten Waldgebieten sind preußische Herrscher, Nazi-Größen und SED-Funktionäre ihrer Leidenschaft nachgegangen: der Jagd. Ob Kaiser Wilhelm II., Reichsmarschall Herrmann Göring oder DDR-Staats- und Parteichef Erich Honecker – alle waren hier auf der Pirsch. Und da die mächtigen Männer dabei gern ungestört sein wollten, glichen die riesigen Waldflächen zwischen Barnim und Uckermark immer einem Sperrgebiet. Manche Orte waren nicht einmal auf der Landkarte verzeichnet – z.B. ein gigantisches Areal zwischen Groß Schönebeck und Templin mitten im Wald: der Flugplatz Groß Dölln.

Über vier Jahrzehnte hinweg diente er den sowjetischen Streitkräften als Stützpunkt für ihre Luftwaffe. Ständig einsatzbereite Jagdflugzeuge und später sogar strategische Bomber waren hier stationiert und in getarnten Bunkern untergestellt. Sogar Passagiermaschinen der staatlichen Fluglinie Aeroflot flogen den versteckten Flugplatz an, um Armeeangehörige und Regierungsmitglieder zu transportieren. Das Areal verfügte über eine der längsten Landebahnen der Warschauer-Pakt-Staaten. Im Notfall hätte hier sogar die sowjetische Raumfähre Buran landen können. 1994 starteten von Groß Dölln aus die letzten Transportmaschinen, die im Zuge des Abzugs der GUS-Streitkräfte Material von Deutschland nach Russland beförderten.

Wer heute auf der schnurgeraden Betonpiste durch den Wald auf das Areal zusteuert, der fühlt sich an einen Science-Fiction-Film erinnert. Auf riesigen Flächen stehen unzählige große Solarmodule in Reih und Glied und spiegeln sich im Sonnenlicht. Der Solarpark Groß Dölln ist eine der größten Photovoltaikanlagen Deutschlands. Auf einer Fläche von rund 214 Hektar erzeugen hier ca. 1,5 Millionen Dünnschicht-Solarzellen bis zu 128 Megawatt Strom. Am Rand des Solarparks erinnern einige entkernte Kasernengebäude an die frühere militärische Nutzung. Auch die Start- und Landebahnen sind noch da sowie am Rand etliche der Flugzeughangars und Bunker.

Doch dann stutzen wir: Über eine Betonpiste wölbt sich eine Konstruktion aus Stahlträgern, Seilen und Drähten so, wie man es von den Trassen der Hochgeschwindigkeitszüge – etwa beim ICE – kennt. Wir staunen nicht schlecht, als ein großer, weißer Lkw an uns vorbeidonnert – auf dem Führerhaus streckt sich ein Stromabnehmer hoch zur Oberleitung. Wir befinden uns auf dem Siemens eHighway – einer Versuchsstrecke für elektrisch betriebene Lastkraftwagen.

Der Zugang zum Gelände ist Unbefugten verboten – der Technikkonzern möchte sich bei seinen Entwicklungen nicht gern in die Karten schauen las-

Das Testgelände in Groß Dölln mit Ingenieur Klaus Dietrich

sen. Aber wir haben eine Genehmigung erhalten, eigens aus Erlangen angereist ist der Leiter des Projektes »eHighway«, Hasso Georg Grünjes. Zusammen mit »Senior Specialist« Klaus Dietrich, dem Experten vor Ort, soll uns der leitende Ingenieur das System vorstellen.

Die Siemens-Männer erläutern den Hintergrund: Energiewende, Verkehrsbelastung und Umweltschutz machen auch beim Warentransport ein Umdenken erforderlich. Der Lkw-Verkehr auf den Straßen hat kontinuierlich

Gruppenbild mit Robur und Lkw sowie Projektleiter Hasso Georg Grünjes

zugenommen. Aber wie kann man ihn umweltverträglicher machen? Siemens setzt auf den »eHighway«: Lastwagen mit Hybridmotor befördern die Waren über elektrifizierte Strecken – wie eine Elektro-Lokomotive auf einer Autobahn. In Groß Döllnwird das neue System seit einiger Zeit erfolgreich getestet.

Als wir mit der Kamera eine Fahrt im Führerhaus des elektrobetriebenen Lkws drehen, sind wir überrascht: Der Motor surrt leise wie eine Nähmaschine. Am Ende der elektrifizierten Strecke schaltet der Computer automatisch auf Dieselbetrieb um. Projektleiter Grünjes berichtet stolz: »Wir gehen davon aus, dass wir das System bald in der Praxis anwenden können.« Siemens habe den Auftrag erhalten, im kalifornischen Los Angeles den Warenverkehr im Hafen mit seinem »eHighway« zu unterstützen und ihn damit umweltfreundlicher zu machen.

Nicht alle Teile des Hybrid-Lkw dürfen wir filmen. Der Stromabnehmer auf dem Dach des Fahrerhauses ist eine spezielle Erfindung. Die Konkurrenz soll nicht erfahren, welche technischen Lösungen Siemens gefunden hat. Bei

Abendstimmung am Rand der Schorfheide

so viel Hightech fühlt sich Reinhard Rogge, unser Robur-Lenker, natürlich herausgefordert. Er bietet den Siemens-Ingenieuren einen Wettbewerb an: Wer schafft die Test-Strecke schneller – der futuristische Elektro-Lkw oder unser alter »Ello«? Kurze Zeit später stehen beide Fahrzeuge an der Startlinie nebeneinander. Siemens-Mann Klaus Dietrich hebt die Arme, klatscht in die Hände und los geht's ... Die beiden Trucks donnern los, als wollten sie von der Piste abheben wie einst die Flugzeuge der Roten Armee.

Einige Kilometer entfernt vom Flugplatz liegt der Großdöllner See – auch ein geheimnisvoller, um nicht zu sagen berüchtigter Ort. Denn hier befand sich bis zum Ende des Zweiten Weltkriegs das Jagdschloss Carinhall, das legendäre Anwesen Hermann Görings – nach Hitler der mächtigste Mann des NS-Regimes. Göring, der im NS-Staat vom preußischen Ministerpräsidenten über den Chef der Luftwaffe bis zum Reichsforstmeister zahlreiche Ämter bekleidete, hatte sich hier inmitten der Schorfheide eine prächtige Villa errichten lassen, um seiner Jagdleidenschaft nachzugehen und um in großem Stile wertvolle und auf wenig legalen Wegen angeeignete Kunstwerke zu horten.

Von »Carinhall«, so benannt nach Görings erster Ehefrau, ist nichts geblieben. Der Nazi-Führer ließ kurz vor Kriegsende die Gebäude sprengen, den Rest erledigten die sowjetischen Besatzer und die DDR-Behörden. Heute erinnert

Die Revierförsterei Schorfheide ließ Hermann Göring am Rand seines Anwesens errichten

kaum noch etwas an die nationalsozialistische Selbstherrlichkeit. Lediglich zwei kleine Wachhäuser mit dem Wappen Görings sind stehengeblieben und markieren den Eingang des früheren Geländes. Über alles andere ist Gras gewachsen.

Etwas südlich des Groß Döllner Sees liegt versteckt auf einer Lichtung die Revierförsterei Schorfheide. Das mit Reet gedeckte Fachwerkgebäude sieht so schmuck und idyllisch aus, als bilde es die Kulisse für eine Vorabendserie im Fernsehen. Ein Jagdhund kommt an den Zaun geschossen und warnt wild bellend seinen Herren vor Eindringlingen.

Ulf Wosnizek ist der Leiter des Reviers Schorfheide. Er hat uns eingeladen, ihn bei seinen heutigen Patrouillenfahrten zu begleiten. Als Leiter des Reviers bewohnt er das Forsthaus, das Hermann Göring einst am Rand des Carinhall-Areals hatte errichten lassen. Wosnizek möchte darüber nicht gern sprechen. Kurz zuvor hat es bis hoch ins Ministerium Ärger gegeben, weil die Forstverwaltung einen Kalender mit den schönsten Forsthäusern Brandenburgs herausgegeben hatte. Auf dem Titelbild: das Forsthaus Schorfheide. Um angesichts der unrühmlichen Vorgeschichte des Gebäudes eine öffentliche Auseinandersetzung zu vermeiden, ließ das Ministerium den Kalender kurzerhand wieder einstampfen.

Der Forstamtmann will uns zeigen, wie vielfältig die Aufgaben eines Försters sind: die Sicherung und Verwertung des Holzbestandes, die Markierung von Grenzen und Wegen, der Schutz vor Schädlingsbefall. In diesen Sommermonaten geht es aber vor allem darum, Waldbrände zu verhindern. Es hat in den Wochen zuvor zwar einige Male heftig geregnet, trotzdem herrscht schon wieder Waldbrandstufe 3. Ulf Wosnizek mahnt auf der Fahrt durch den Wald immer wieder Wanderer und Radfahrer, vorsichtig zu sein. Er klettert mit uns auf einen Waldbrand-Aussichtsposten. Die Türme waren früher mit Wachposten besetzt, heute liefern Videokameras Live-Bilder an die Oberförsterei in Eberswalde. Dort hat das Team der Waldbrandzentrale die Schorfheide den ganzen Tag über im Blick.

Revierförster Ulf Wosnizek

Weil das Fernsehen da ist, hat Forstmann Wosnizek etwas Besonderes vorbereitet. Er führt uns an einen der Tiefbrunnen, die zur DDR-Zeit angelegt wurden, um in den Revieren der SED-Mächtigen den Wildbestand zu erhöhen. Mit dem Wasser wurden Freiflächen berieselt, um den Graswuchs zu fördern. Das Wild versammelte sich auf diesen Lichtungen und wurde an diesen Stellen von erlebnishungrigen DDR-Jagdgesellschaften erwartet.

Um die Funktionsfähigkeit des Tiefbrunnens zu testen, der im Falle eines Waldbrands das rettende Löschwasser liefern könnte, hat Förster Wosnizek die Freiwillige Feuerwehr aus Groß Schönebeck angefordert. Und weil die Feuerwehrleute erfahren haben, dass wir mit einem alten Robur unterwegs sind, kommen sie mit einem äußerst betagten Löschfahrzeug angeschaukelt. Der Tiefbrunnen funktioniert, die Löschübung verläuft erfolgreich.

Am Nachmittag sitzen wir mit Ulf Wosnizek auf der Terrasse seines Forsthauses. Er spendiert ein kühles Bier und steckt sich eine dicke Zigarre an. Schinken und Schnitzel, seine beiden Ferkel, laufen grunzend über die Wiese, und der wachsame Jagdhund gibt Acht, dass niemand die Feierabendruhe stört …

Der Finowkanal, Kloster Chorin und eine Werkstatt in Brodowin

Einige Hundert Kilometer sind wir nun schon durch das nördliche Brandenburg getuckert. Meistens haben wir nicht die großen Straßen oder gar die Autobahn benutzt, sondern sind auf Nebenstrecken gefahren und dabei manchmal mal vom Wege abgekommen … Wer das Land kennenlernen will, der muss sich Zeit nehmen.

Heute verfügt Brandenburg über ein modern ausgebautes Straßennetz. Früher sah die Welt anders aus. Zur Zeit Friedrichs des Großen gab es in Preußen kaum Überlandchausseen und befestigte Straßenverbindungen zu Lande. Insbesondere der Warenverkehr erfolgte zu Wasser. Friedrich war kein Freund des Straßenbaus. Er meinte – ganz Kriegsherr und Militärstratege –, neu angelegte Straßen könnten womöglich feindlichen Truppen beim Vormarsch nützlich sein.

Friedrich setzte auf den Bau von Kanälen, um den Warenverkehr zu erleichtern und die Wirtschaft anzukurbeln. Eines seiner wichtigsten Vorhaben war deshalb die Verbindung zwischen Havel und Oder. 1743 erteilte er den Befehl zum Bau des Finowkanals, der quer durch den Barnim die schiffbaren Flüsse im Westen und Osten verknüpfen sollte. Der Plan war nicht neu. Gut 100 Jahre zuvor hatte es schon einen Kanal gegeben, der im Dreißigjährigen Krieg allerdings zerstört worden und dann in Vergessenheit geraten war.

Am 16. Juni 1746 wurde der neue Finowkanal eingeweiht. Ein mit 100 Tonnen Salz beladenes Schiff fuhr von der Havel zum Salzmagazin Oderberg, in der Gegenrichtung brachte ein Kahn Getreide von der Oder nach Spandau und Berlin. An Bord waren zur Feier des Tages außerdem hohe preußische Regierungsbeamte und Honoratioren. Trotz anfänglicher Schwierigkeiten und Verzögerungen beim Bau erwies sich der Finowkanal als geglückte Infrastrukturmaßnahme. Bereits drei Jahre später passierten mehr als 1.000 Schiffe und Schuten die rund ein Dutzend Schleusen. Aufgrund ihrer besonderen Abmessungen wurden sie »Finowmaßkähne« genannt. Der Kanal wurde zu einer der wichtigsten Verkehrsverbindungen in der Mark Brandenburg. An seinem Verlauf siedelten sich zahlreiche Metall- und Papierbetriebe an. Finowfurt und Eberswalde wurden zu wichtigen Industriezentren. Die Gegend erhielt deshalb bald den Namen »Märkisches Wuppertal«.

Anfang des 20. Jahrhunderts hatte der Finowkanal seine Kapazitätsgrenzen erreicht. Der Bau einer neuen Verbindung zwischen Havel und Oder war unumgänglich geworden. Fast parallel zum alten Bauwerk entstand deshalb der weit

Das neue Schiffshebewerk Niederfinow und die Besatzung der »Schippelschute«

größere »Hohenzollernkanal« bzw. der »Großschifffahrtsweg Berlin–Stettin«. Der Finowkanal versank mit den Jahren in eine Art Dornröschenschlaf.

Dass der Finowkanal nicht ein zweites Mal in Vergessenheit geriet wie damals nach dem Dreißigjährigen Krieg, ist vor allem auch ihm zu verdanken: Fritz Derkow, Unterhaltungskünstler und Freizeitkapitän aus Finowfurt. Mit seinem Akkordeon sitzt er an Bord der »Schippelschute« und erwartet die Fahrgäste. In den Jahren nach der Wende, als alle Ex-DDR-Bürger überlegen mussten, wie es weitergehen sollte, hatte er eine Idee: Wie wäre es, einen Ausflugskahn zu bauen, der Touristen aus nah und fern auf dem alten Finowkanal durch den Barnim schippert? Nach langen Genehmigungs- und Antragsverfahren war es

Nicht wirklich in Seenot: Drehteam Thomas Lütz (rechts) und Ulrich Menges

im April des Jahres 2000 soweit. Die »Schippelschute«, eine floßartige Spezialkonstruktion, lief vom Stapel und befördert seitdem zuverlässig und unfallfrei Reisegruppen über den Finowkanal. Derkows Tochter und sein Schwiegersohn betreiben das kleine Unternehmen.

Wir schließen uns einer Rentnergruppe aus Luckenwalde an, die an diesem Tag eine Fahrt auf der »Schippelschute« gebucht hat. Um zu erfahren, wen er da an Bord hat, stimmt Fritz Derkow mit seinem Instrument ein ganz bestimmtes Lied an. »Bau auf, bau auf, bau auf! Freie deutsche Jugend bau auf.« Einige Gäste an Bord schauen ahnungslos, andere runzeln die Stirn, aber die Mehrheit stimmt sofort mit ein. Schunkelnd legt die Reisegesellschaft ab.

Die Fahrt mit dem Touristenfloß hat etwas sehr Beruhigendes. Langsam gleitet der Kahn über die Wasseroberfläche. Die Ufer sind dicht bewachsen mit Schilf, Gebüsch und Bäumen. Hin und wieder kommt ein Kanu oder Ausflugsboot entgegen. Der Finowkanal mit seinen 32 Kilometern Länge ist der älteste noch schiffbare Kanal Deutschlands. Höhepunkt der Bootspartie ist die Passage der alten Schleuse in Grafenbrück. Wie vor 150 Jahren werden die stählerne

Das Kloster Chorin am Wegesrand

Tore, die den Wasserstand regulieren, per Handbetrieb geöffnet und geschlossen. Der Schleusenwärter, der die großen Zahnräder kurbelt, winkt den Gästen freundlich zu.

Am Ende jeder Floßfahrt hat Fritz Derkow nochmal seinen großen Auftritt. Er stimmt die Hymne an, die er dem Finowkanal gewidmet hat: »Canale Grande durch märkische Lande«. Wenn die »Schippelschute« an der »Marina Eisvogel« anlegt, können alle Gäste lauthals mitsingen … Und auch wir singen, als wir uns wieder in den Robur setzen und losfahren.

Wir halten kurz im Dorf Chorin und an der berühmten Klosterruine. Für Konzerte, Theateraufführungen und andere Kulturveranstaltungen könnte es kaum einen schöneren Ort geben als das gotische Kirchenschiff, das die Zisterzienser im 13. Jahrhundert mitten in der märkischen Wildnis errichteten. Doch Thomas, unser Kameramann, runzelt die Stirn. Dicke Wolken haben das Sonnenlicht verdrängt. Die schönen, roten Backsteinwände und Giebel sind in tristes Grau abgetaucht.

Als wir das Gelände umrunden, um doch noch einen guten Standort für die Kamera zu finden, gibt es einen Wolkenbruch. Wir flüchten mit unserer Ausrüstung in den Robur-Bus und fahren los. Doch dann das: Der Motor stottert, bockt und verliert immer mehr an Leistung. Reinhard Rogge blickt schuldbe-

Hilfe in der Not: Mechaniker Roland Stürmer

wusst zum Beifahrer: »Ich habe vergessen, die Lüftungsklappe zu schließen. Der Motor ist jetzt vermutlich voll Wasser gelaufen.« Auch gutes Zureden hilft nicht. Unser LO verreckt nach wenigen Hundert Metern am Straßenrand. Mitten im Wald. Mit unserem Kamerawagen fahren Thomas und Ulli voraus, um Hilfe zu organisieren. Schon bald melden sie sich per Telefon. Wir sollten versuchen bis Brodowin zu kommen, dort gebe es am Ortseingang eine Werkstatt. Reinhard gelingt es nach etlichen Versuchen, den Motor noch einmal zu starten. Wie ein altersschwacher afrikanischer Springbock ruckt der Robur nach Brodowin.

In der Werkstatt werden wir bereits erwartet. Meister Wolfgang Winkelmann reicht uns seine ölverschmierte Hand: »Keine Sorge! Das kriegen wir schon wieder hin!« Skeptisch schauen wir uns um. In den beiden Hallen stapeln sich Reifen, Autoteile, Werkzeuge und Gerätschaften aller Art in einer nicht nachvollziehbaren Ordnung.

Meister Winkelmann gibt seinem besten Mechaniker das Kommando, unseren Robur auseinanderzunehmen. Michael Stürmer hat schon in verschiedenen Vertragswerkstätten gearbeitet und ist ein echter Könner seines Fachs. Mit Reinhard Rogge bespricht er seine Diagnose und kriecht in den Motorraum unseres LO. Unterdessen philosophiert Vater Roland Stürmer über das politische Weltgeschehen und bilanziert die 25 Jahre seit dem Mauerfall. Vater Stürmer, den nackten Bierbauch stolz unter dem Blaumann, wäre sicher ein großartiger Moderator für eine Radioshow. Er redet ohne Punkt und Komma und reißt einen Kalauer nach dem anderen. Nach einer Stunde klappt Sohn Michael die Motorhaube des Robur zu. Wenig später tuckert unser LO wieder …

MST-Touristikflößerei

Werbelliner Str. 54
16244 Schorfheide OT Finowfurt

03335 / 30203
www.mst-touristikfloesserei.de

Sonnenburg

Bei unseren telefonischen Recherchen in den Tagen zuvor wurden wir gewarnt. Wir sollten nach Möglichkeit nicht über Schloss Sonnenburg berichten. Der Ort habe eine unheilvolle Geschichte, wir sollten nicht daran rühren. Eine Sendung im Fernsehen würde nur wieder die Neonazis anlocken. Soviel Ablehnung weckt natürlich unser Interesse … Wir fahren die schmale Landstraße von der alten Oder den Hang hinauf an den Rand des Barnimer Plateaus. Ein Stück weiter im Wald liegt der Baasee, ein Relikt der letzten Eiszeit, um das sich viele Legenden ranken. Eine erzählt von einer versunkenen Kapelle und von der Köhlertochter Ilse, die sich in den jungen Ritter von der Sonnenburg verliebt. Der Ritter gelobt ihr vor dem Marienbild in der kleinen Kapelle am Baasee, dass er sie heiraten wird, sobald er mündig ist. Er bricht jedoch sein Versprechen. Als er im Hochzeitszug mit seiner Braut, dem Grafenfräulein vom Schloss Werbellin, zur Kapelle kommt, bricht ein Unwetter los, ein Blitz schlägt in die Kapelle ein, und die gesamte Hochzeitsgesellschaft versinkt mit dem Bauwerk im See.

Sonnenburg, ein verfluchter Ort? Im Dorf macht das Kopfsteinpflaster eine Biegung. Von dort aus führt eine Auffahrt in dichtes Gebüsch. Dies war einst der Eingang von Schloss Sonnenburg. Das Herrenhaus und die Nebengebäude sind überwuchert von Sträuchern und Dickicht. Vom ehemaligen Schloss sieht man fast nur das Türmchen, das einst offenbar eine Uhr zierte. Mauerteile sind eingestürzt, die Dächer eingebrochen. Über die Geschichte dieses Ortes hatten wir zuvor wenig in Erfahrung bringen können. Im »Dritten Reich« gehörte das Anwesen einem der führenden Vertreter des Nazi-Regimes: Außenminister Joachim von Ribbentrop. Der ehemalige Spirituosenvertreter war durch die Heirat mit

Naturschauspiel am Grimnitzsee

Schloss Sonnenburg und »Schlossherrin« Evelyne Bülow

einer Tochter des Sektfabrikanten Henkell zu Wohlstand gekommen und hatte seinen Adelstitel ebenso gekauft wie das Herrenhaus am Rande des Oderbruchs.

Während von Ribbentrop Hitlers Außenministerium leitete und in dieser Funktion den verhängnisvollen Pakt mit Stalins Außenminister Molotow schmiedete, der zur Auslöschung Polens führte, verbrachten seine Frau und seine Kinder unbeschwerte Stunden auf Schloss Sonnenburg, das der Hausherr für seine Zwecke hatte umbauen lassen. Das Anwesen verfügte sogar über einen 18-Loch-Golfplatz und einem Privatbunker. Nach dem Kauf des Gutes soll Ribbentrop im Dorf von Tür zu Tür gegangen sein, um zu überprüfen, ob alle Haushalte einen Volksempfänger und ein Bild des »Führers« vorweisen konnten. Hitlers Porträt hing von diesem Tag an in jeder Wohnung.

Wir stapfen durch das Gras und umrunden das Gelände. Die Szenerie wirkt gespenstisch. Nach einer Weile kommt ein junger Mann auf einem Traktor vorbei. Wir fragen ihn, wer uns etwas sagen könne über das alte Schloss. Die Besitzerin müsse gleich kommen, meint er. Am Nachmittag kehre sie mit dem Fahrrad von der Arbeit zurück. Und tatsächlich. Wenig später begegnen wir Evelyne Bülow, der Schlossherrin. Seit gut fünf Jahren lebt die Künstlerin auf Gut Sonnenburg – oder dem, was davon noch übrig geblieben ist. Bereitwillig

Einst Landsitz von NS-Außenminister Joachim von Ribbentrop

nimmt sie uns mit auf das Gelände. Weil das Hauptgebäude selbst kaum noch bewohnbar ist, lebt sie in einem bunt bemalten Holzhäuschen im Park ohne Wasser und Strom. »Dieses Puppenhaus hat Molotow damals Ribbentrop für dessen Kinder geschenkt«, erzählt sie uns. Den Strom habe man ihr abgestellt, aber sie komme auch so gut zurecht. Etliche Katzen bevölkern die Hütte und verlangen nach Futter.

Stolz präsentiert uns die Einsiedlerin ein notarielles Schreiben, das sie als Eigentümerin ausweisen soll. Gefolgt von einigen Katzen führt sie uns ins Schloss. Im Erdgeschoss befindet sich der alte Ballsaal. Nazi-Schlossherr von Ribbentrop und seine Familie nutzten ihn als Heimkino, in der DDR feierte die LPG hier Tanzvergnügen und Erntefeste. Das Obergeschoss darf nicht mehr betreten werden – Einsturzgefahr. Evelyne Bülow weiht uns in ihre Pläne für ihr Schloss ein: Der Komplex solle denkmalgerecht saniert und zu einem Zentrum für Kunst, Kultur und Ökologie verwandelt werden. Die Pläne lägen schon in der Schublade. Sie habe auch schon Zusagen für Fördergelder, wolle sich aber insgesamt nicht von den Banken abhängig machen. Da habe sie schlechte Erfahrungen gemacht. Vielmehr wolle sie ihr Eigenkapital aktivieren, und dieses Eigenkapital sei ihre Kreativität. Die hoffnungsvolle Schlossherrin zeigt uns zum Abschied ein Musikvideo, in dem sie selbst singt und zum Weltfrieden aufruft.

Harnekop, Möglin und die Seelower Höhen

95 Stufen führen zu einem der am besten gehüteten Geheimnisse der DDR. Im Wald – etwa auf halber Strecke zwischen Bad Freienwalde und Strausberg – befindet sich der Atombunker Harnekop. Im Ernstfall hätte er dem Verteidigungsministerium der DDR als Leistelle gedient. Wir haben uns beim »Förderverein Denkmal Bunker Harnekop e.V.« angemeldet. Hartmut Mehland ist dessen Vorsitzender. Über die Vereinsmitglieder und sich selbst will der ehemalige Kriminalbeamte nicht viel sagen. Aber zu einer Führung durch die Bunkeranlage ist das Fernsehteam herzlich eingeladen.

Gemeinsam mit einer Besuchergruppe betreten wir unter Leitung des Vereinsvorsitzenden das ehemalige Stabsgebäude, unter dem sich die Bunkeranlage erstreckt. Die Räume sehen aus, als hätten die NVA-Soldaten sie gerade eben verlassen. Von den Tapeten über die Türschilder bis zum Alu-Besteck in der Kantine – alles original DDR. Zur Einführung gibt es Bohnenkaffee, Wurstbrötchen und einen Vortrag des Vereinsvorsitzenden. »Der NATO war bis zum Schluss die Existenz dieser Anlage nicht bekannt!«, sagt Mehland mit einem verschmitzten Lächeln.

Im Wald verborgen: die Bunkeranlage Harnekop

Das Wachgebäude im Originalzustand

Dann geht es hinunter in das Bunkersystem. Durch mehrere bis zu 2,5 Tonnen schwere, alarmgesicherte sowie druck- und gasdichte Stahltüren gelangen wir in das dreistöckige unterirdische Bauwerk. Als das »Spezialbauwerk 102« in den 1970er-Jahren gebaut wurde, handelte es sich um die modernste Bunkeranlage der DDR. Raum für Raum schlängelt sich die Besuchergruppe durch düstere Gänge und Treppenschächte. Operative Räume, Nachrichtenzentrale, Großküche, Schlafkammern und das Arbeitszimmer des Verteidigungsministers – alles dämmert vor sich hin, abgeschirmt hinter meterdicken Betonwänden unter der Erde. An den Wänden hängen noch die Landkarten des Armeestabs in kyrillischer Schrift und Bilder von Erich Honecker. Von hier aus sollte die Führung der NVA im Ernstfall Krieg führen – in ständiger Verbindung mit den Leitstellen des Warschauer Paktes und mit Moskau. Der Betonkörper war für die »Schutzklasse A« ausgelegt und sollte einer Kernwaffendetonation von einer Megatonne standhalten, hundert Mal stärker als die von Hiroshima.

Die meisten Bunkerbesucher sind eher schweigsam, kaum jemand stellt Fragen. Als wir am Ausgang Interviews machen wollen, lehnen fast alle ab. Wir erfahren, dass etliche der Besucher früher selbst hier oder in anderen militärischen Anlagen gedient haben. Wer hier Soldat war, durfte nicht einmal der Ehefrau oder Freundin zu Hause erzählen, was sich im Wald bei Strausberg

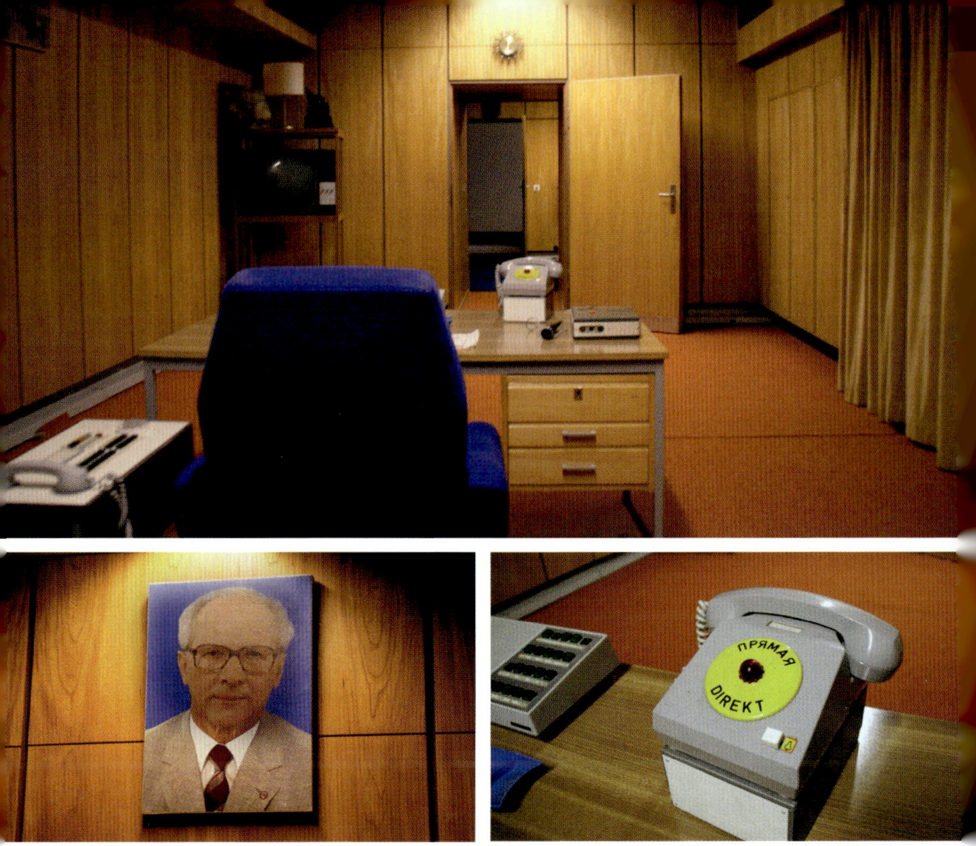

Das Arbeitszimmer des Verteidigungsministers unter meterdickem Beton

verbarg. Nur ein junges Paar aus Polen ist bereit, nach der Führung die eigenen Empfindungen zu beschreiben. »Wir sind so froh, dass diese Zeit vorbei ist!«, sagen sie. »Unser Land ist jetzt unabhängig. Wir können frei denken, und wir können ohne Probleme hierher und überall hin reisen.«

Draußen sitzen noch einige Besucher und Vereinsmitglieder bei Kaffee und belegten Brötchen zusammen. Ein ehemaliger NVA-Offizier, der eine Raketeneinheit befehligte, erläutert den Gästen die Funktionsweise einer sowjetischen Luftabwehrrakete. Ein Originalexemplar steht entschärft im Schuppen neben dem Stabsgebäude.

Unsere Route führt weiter am Rand des Barnim entlang in Richtung Oderbruch … Im Sommer 1804 kommt ein Fremder in die Mark Brandenburg, dem der Ruf vorauseilt, der fortschrittlichste Landwirt seiner Zeit zu sein: Albrecht Daniel Thaer. Im niedersächsischen Celle hat er das königlich-landwirtschaftliche Lehrinstitut geleitet. Der Arzt und Landwirtschaftsexperte ist dem Ruf des preu-

Der preußische Reformer Albrecht Daniel Thaer und sein Gut Möglin

ßischen Staatskanzlers von Hardenberg gefolgt, sich in der märkischen »Streusandbüchse« anzusiedeln. Im Dorf Möglin auf der Barnimer Höhe am Rand des Oderbruchs hat Thaer das Rittergut erworben, das er zu einem modernen Musterbetrieb umwandeln möchte. Er will beweisen, dass auch auf den sandigen Böden der Mark eine gewinnbringende Landwirtschaft möglich ist. Thaer vertritt einige für diese Zeit revolutionäre Ansichten: Er hat erkannt, dass sich die märkischen Bauern mit ihrer veralteten Dreifelderwirtschaft in einem Teufelskreis bewegen. Die meisten Äcker sind wegen der immer wiederkehrenden Fruchtfolge ausgelaugt, die Viehbestände kümmerlich.

Thaer will deshalb die althergebrachten Anbaumethoden abschaffen und einen modernen Fruchtwechsel einführen. Um die Erträge zu steigern und die Bodenfruchtbarkeit zu erhöhen, setzt er zudem auf den Anbau neuer Kulturpflanzen und eine besser Düngung der Äcker. Das Vieh soll zukünftig im Stall gehalten und mit eigens angebauten Pflanzen gefüttert werden.

Thaer-Experte Prof. Martin Frielinghaus vor dem Herrenhaus

Die wichtigste Erkenntnis des fortschrittlichen Landwirts hat eine hochpolitische Dimension: »Das Übel liegt tief in der gegenwärtigen Verfassung, die den Bauern immer ärmer, stumpfsinniger und träger werden lässt. Deshalb müsste die völlige Freiheit des Eigentums von jeder Regierung als Grundsatz angenommen werden!« Mit anderen Worten: Die Bauern brauchen eigenes Land! Eine revolutionäre Forderung, die auf die Abschaffung der Leibeigenschaft zielt.

Albrecht Daniel Thaer gilt als wichtigster preußischer Agrarreformer und als Wegbereiter der »Bauernbefreiung«. Wir stehen an seinem Grab neben der kleinen Kirche im Gutspark von Möglin und sprechen mit Professor Dr. Martin Frielinghaus, dem Geschäftsführer der Fördergesellschaft Albrecht Daniel Thaer. Mit Veranstaltungen, Publikationen und einem kleinen Museum versucht die Fördergesellschaft, die historische Bedeutung Thaers darzustellen und sein Erbe zu bewahren. In den vergangenen Jahren war das nicht immer einfach, denn mit dem bisherigen Gutspächter, einem Unternehmer aus Westdeutschland, gab es kein gutes Einvernehmen.

Doch seit einiger Zeit tut sich etwas auf Gut Möglin. Die Dächer der Stallungen und Nebengebäude sind neu gedeckt, das Inspektorenhaus ist frisch

Internet und Landleben –
die neuen Pächter von Möglin

renoviert. Und in das Gutshaus ist eine Gruppe von jungen Leuten eingezogen, die dem Ort neues Leben einhauchen wollen.

Die vier Jungunternehmer aus Berlin, die erfolgreich als Immobilienverwerter und Eventveranstalter agiert haben, verfolgen den Plan, aus Möglin einen Ort der Kommunikation und der Begegnung zu machen. Sie wollen hier Menschen aus ganz unterschiedlichen Lebenswelten zusammenbringen. Kreative, Künstler, Geschäftsleute, Medienmacher und »Digital Natives« sollen sich hier miteinander austauschen können – vor allem aber auch mit den Leuten vom Land, den Alteingesessenen und den Zugezogenen. Profis aus der digital vernetzten Welt begegnen regional verwurzelten Menschen. Das hört sich nach einer fixen Idee an, doch im Verlauf des Wochenendes beginnen wir zu verstehen, was das Quartett vorhat. Am großen Esszimmertisch im Inspektorenhaus treffen sich leitende Mitarbeiter eines weltweit agierenden Internetkonzerns mit den Erzeugern von Bio-Rindfleisch aus dem Nachbardorf, Start-up-Unternehmer aus Berlin begegnen den Feuerwehrleuten aus Möglin oder dem örtlichen Bürgermeister. Aus dem, was sie sich zu sagen haben, entstehen neue Ideen. Inzwischen herrscht ein reges Kommen und Gehen auf Gut Möglin, und es begegnen sich Menschen, die sich sonst nie getroffen hätten. Alle paar Wochen gibt es einen Bauernmarkt mit regionalen Produkten, das »Team Möglin«

Friedrich der Große in Letschin und Soldatenfriedhof im Oderbruch

bringt die Erzeuger mit Unternehmern aus Berlin zusammen. Ihrer Projektidee haben die vier den Namen »X-Land« gegeben. »X-Land«, das sei die Vernetzung von digitaler Welt und einfachem Leben auf dem Land.

Wir bleiben über Nacht auf dem Gutshof. Am Abend wird ein Lagerfeuer gemacht. Es gibt gegrillten Lachs vom Eichenbrett. Das »Team Möglin« spricht begeistert über die Pläne für das alte Rittergut. Bis in die Nacht hinein sitzen wir beisammen. Vergangenheit und Zukunft verschmelzen in dieser Sommernacht.

Am nächsten Morgen fahren wir die Hügel hinab ins Oderbruch. Einst mäanderte hier die Oder in verschiedenen Armen Richtung Norden. Unter Friedrich dem Großen wurde der Fluss eingedämmt und reguliert. Der flache, fruchtbare Landstrich bildete seitdem den Obst- und Gemüsegarten Brandenburgs. Wir durchqueren das Städtchen Letschin, in dessen Zentrum ein Standbild des Preußenkönigs an die Kultivierung des Oderbruchs erinnert, und kommen nach Neuhardenberg, wo das Schloss des preußischen Kanzlers von Hardenberg und die von Schinkel erbaute Dorfkirche seit einigen Jahren wieder in neuem Glanze erstrahlen. Zur DDR-Zeit war der Ort in »Marxwalde« umbenannt worden, um vom Sieg des Sozialismus auch im Oderbruch zu künden …

Wir gelangen dem Verlauf der Oder nach Süden folgend auf die Seelower Höhen – ein Ort, der wie kaum ein anderer das grausame Ende des alten Branden-

Gedenkstätte Seelower Höhen: Erinnerung an die letzte Schlacht des 2. Weltkriegs

burgs markiert. Im Frühjahr 1945 fand hier die letzte Schlacht des Zweiten Weltkriegs statt. Von Berlin und Brandenburg aus hatte Hitler seinen wahnwitzigen Vernichtungsfeldzug gestartet. Auf den Seelower Höhen stellte sich sein letztes Aufgebot der Roten Armee entgegen. Bald darauf war Nazi-Deutschland endgültig besiegt. Das, was an die brandenburgisch-preußische Geschichte erinnerte, sollte nach dem Willen der neuen Machthaber verschwinden. Die Siegermächte lösten per Dekret den Staat Preußen 1947 auf, das Land Brandenburg wurde kurze Zeit später von der DDR-Regierung in Verwaltungsbezirke aufgeteilt.

Unsere Kamera-Drohe filmt die sowjetischen Panzer und Geschütze, die zur Erinnerung an der Gedenkstätte aufgestellt sind. Die zweite Etappe unserer Reise durch das sommerliche Brandenburg ist zu Ende.

Baudenkmal Bunker Harnekop e.V. | Gedenkstätte Seelower Höhen

c/o Wilhelm Brandt
Werlseestr. 47
12587 Berlin
030 / 6 45 89 63
www.bunker-harnekop.de

Küstriner Straße 28a
15306 Seelow
0 33 46 / 597
www.gedenkstaette-seelower-hoehen.de

Von Frankfurt (Oder) bis zum Spreewald

Meike Materne

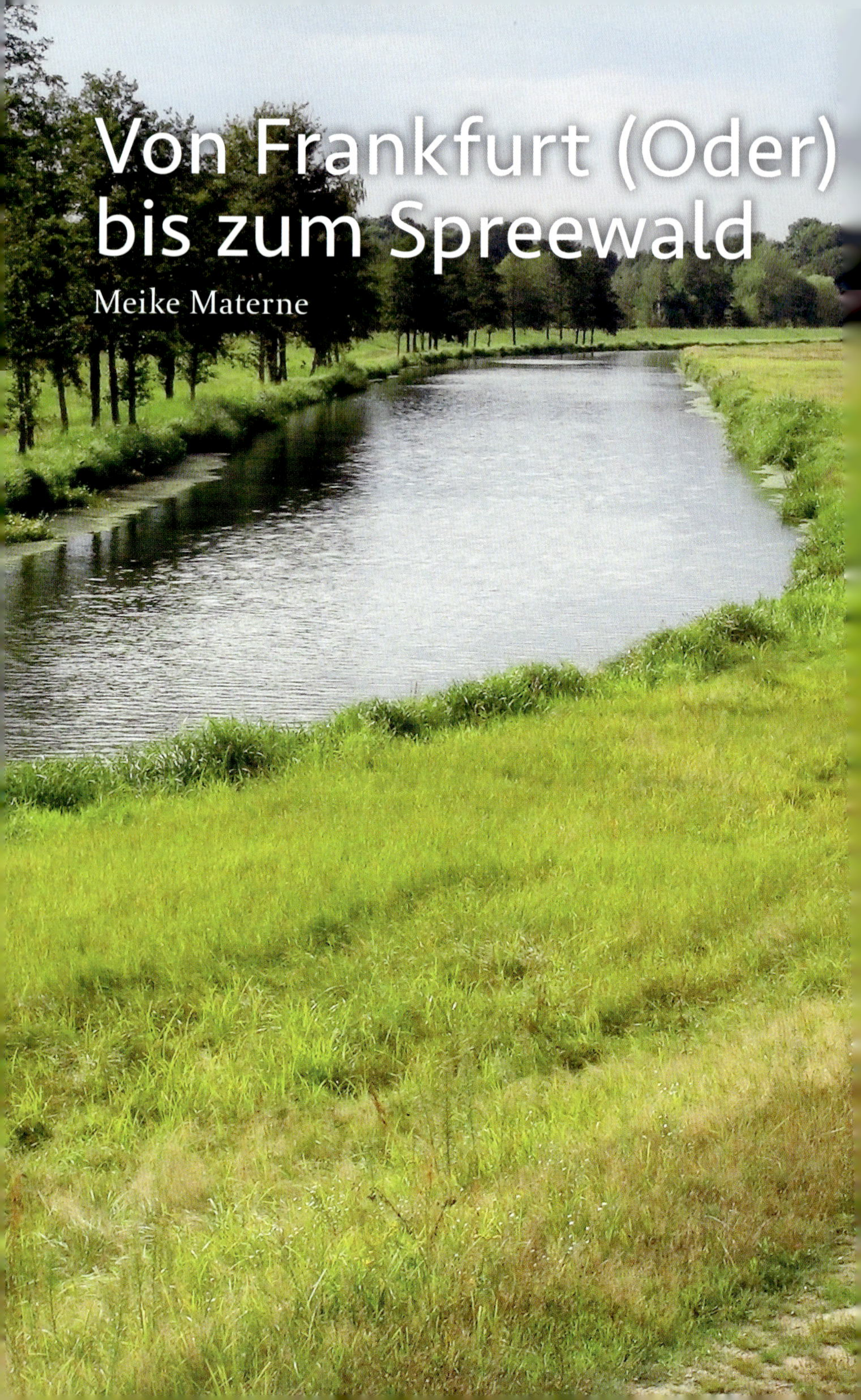

Sommer in Brandenburg
ROBUR
OPR LO787

Frankfurt (Oder)

Den dritten Teil unserer Sommertour beginnen wir in Frankfurt (Oder). Direkt am Hauptbahnhof werde ich bereits vom Team erwartet. Dass der schöne, nostalgische, blaue Robur-Bus wieder einsatzfähig ist, davon ist die gute Seele der Crew, unser Busfahrer Reinhard Rogge, fest überzeugt. Unsere Fahrt vom östlichen Ende Brandenburgs über das wenig bekannte, wilde Schlaubetal hinein in die südlichen Braunkohlengebiete bis hin zum Spreewald kann beginnen.

Unsere ersten Kilometer fahren wir durch die Frankfurter Innenstadt. Frankfurt (Oder) ist mit rund 70.000 Einwohnern die viertgrößte »Metropole« Brandenburgs und mittlerweile über 760 Jahre alt. Wahrscheinlich würde es die Stadt heute so nicht geben, hätten deutsche Kaufleute im Mittelalter nicht nach günstigen Übergangsstellen über die schon damals breite Oder gesucht. Genau an dieser Stelle, wo heute die unsichtbare Grenze zwischen Deutschland und Polen verläuft, wurden sie fündig und errichteten 1226 eine Siedlung namens »Vrankenvorde«. Die Fernhandelsstraßen Paris–Aachen–Berlin–Warschau–Moskau und Prag–Meißen–Krakau waren nicht weit entfernt, sodass reiche Kaufleute aus Norddeutschland und Flandern schnell hier siedelten. Die Gründung einer Stadt war die Konsequenz. Bereits 1253 erteilte Johann I., Markgraf von Brandenburg, die Stadtrechte. Frankfurt (Oder) war mit seiner wechselvollen Geschichte seitdem ein Dreh- und Angelpunkt für den Handel zwischen Ost- und Westeuropa.

Da die Stadtgeschichte untrennbar mit der Oder verbunden ist, beginnen auch wir unsere Entdeckungsreise auf dem Fluss. Verabredet sind wir an der Schiffsanlegestelle am Holzmarkt mit Dirk Triebler. Er ist »Kapitän« und Betreiber des Charterschiffs »Onkel Helmut« und kennt die Oder seit seiner Kindheit. »Auf diesem Fluss ist es nie langweilig«, erzählt er, »jeder Tag ist anders.« Im Gegensatz zu anderen Flüssen ist die Oder weitgehend naturbelassen und deshalb besonders reizvoll. Aber sie ist auch sehr launisch – mit extremen Fließgeschwindigkeiten und Pegelständen. So wurde im August 1950 ein Wasserstand von ganzen 86 Zentimetern gemessen, beim schlimmen Oderhochwasser 1997 verheerende 6,57 Meter. Eine ständige Schifffahrt wie beispielsweise auf Elbe und Rhein ist deshalb auf der Oder kaum möglich. Dirk Triebler erzählt den Touristen von diesen Besonderheiten und von der Schifffahrt auf dem Grenzfluss.

Die traditionellen Schleppkähne ließen sich stromabwärts treiben und wurden stromaufwärts im Verband von einem Stromschlepper, der mit Dampf- bzw. später mit Dieselmaschinen betrieben wurde, geschleppt. Dirk Triebler

Blick nach Frankfurt von der Oder (oben), Hauptarm der Oder (links) und Dirk Triebler – auf seinem Charterschiff »Onkel Helmut«

war als Kind oft mit unterwegs und hat viele Jahre später sein Charterunternehmen nach seinem Onkel benannt. »Onkel Helmut ist mein Onkel und war hier auf der Oder der letzte Schleppkahnschiffer.« Mittlerweile haben sich die Oderfahrten bei Touristen gut etabliert, zumal die Stadt mit den Attraktionen der europäischen Doppelstadt Frankfurt (Oder) und Słubice offensiv wirbt.

»Zwei Länder, zwei Städte – eine Reise«, für diese Mission ist auch Aneta Szczesniewicz unterwegs. Wir treffen sie auf dem Schiff und erfahren, dass sie die erste Polin ist, die für den Touristenverein in Frankfurt (Oder) arbeitet und auf der polnischen Seite in Słubice lebt. »Für die Frankfurter und die Słubicer gehört das eigentlich zum Alltag«, erzählt sie in perfektem Deutsch. »Wir gehen jeden Tag rüber, ob Polen oder Deutsche, wir erledigen Einkäufe, bezahlen in Zloty oder Euro, für uns ist das ganz normal. Genau das ist der besondere Charme dieser Doppelstadt.« Die 33-jährige Aneta hat in Breslau Tourismus studiert und sich zusammen mit ihrem Mann ganz bewusst für die Doppelstadt als Lebensmittelpunkt entschieden. Zusammen gehen wir von Bord und werden sie für den Rest des Tages begleiten.

Es sind nur wenige Schritte zur St. Marienkirche, der größten Hallenkirche norddeutscher Backsteingotik. Klein und verloren kommt man sich in diesem mächtigen Gebäude vor und fragt sich, wie Menschen in der Lage waren, im Mittelalter solche Bauwerke zu errichten. Seit der Verleihung des Stadtrechts wurde an dieser Kirche gebaut – über 250 Jahre lang. Als größtes Fernhandelszentrum an der Oder war Frankfurt so reich, dass es der Bürgerschaft gelang, St. Marien in seiner heutigen Silhouette bis zum Jahr 1522 zu erbauen. Unbestrittenes Highlight sind die drei mittelalterlichen Chorfenster. In einer Art Bilderbibel wird die Geschichte von der Schöpfung der Welt über Jesus Christus bis zum Ende der Zeit erzählt. Einmalig ist die Darstellung vom Ende der Zeit, anhand der sogenannten Legende vom Antichrist. Dieses legendenhafte Wesen tauchte bereits in der vorchristlichen Zeit auf, bekam allerdings im Mittelalter deutlichere Züge und damit eine größere Bedeutung. Der Antichrist symbolisierte eine Art Gegenspieler bzw. Gegenmacht zu Jesus Christus, der mit Lügen und dem Versprechen falscher Wunder die Menschen vom rechten Glauben abbringen wollte. In unserem heutigen Verständnis würde man ihn als cleveren Demagogen bezeichnen.

Aneta ist in der Kirche mit einer polnischen Kinder- und Jugendgruppe verabredet. Auch in Polen sind gerade Ferien, und im Rahmen eines Camps besuchen die 8–14-Jährigen Frankfurt und St. Marien. Wir sind sehr erstaunt, wie diszipliniert und aufmerksam die jungen Besucher den Worten von Aneta folgen. Von ihr erfahren wir, dass rund 90 Prozent aller polnischen Kinder gläubige Katholiken sind. Deshalb ist die Erklärung des Antichrist so spannend für sie wie die Geschichte der Bleiglasfenster selbst. Und die ist eine überaus abenteuerliche. Um die ursprünglichen 117 in Handarbeit kunstvoll gearbeiteten Kunstschätze während des Zweiten Weltkriegs vor der Zerstörung zu schützen, wurden sie 1941 ausgebaut, fotografisch dokumentiert und im April 1945 in Holzkisten verpackt. Eine Zeit lang lagerten sie in Potsdam im Neuen Palais und wurden dann von der Roten Armee konfisziert und später nach Leningrad, dem heutigen St. Petersburg, abtransportiert. Über den Verbleib der wertvollen Bleiglasfenster war lange Zeit nichts bekannt, sie galten als verschollen. Anfang der

Kirche St. Marien außen (oben), Fenster (links) und Hallenschiff innen

1990er-Jahre wurde durch einen Artikel in einer russischen Zeitschrift berichtet, dass sich 111 der ursprünglich 117 Bleiglasfenster aus Frankfurt (Oder) im Depot der Eremitage in St. Petersburg befinden. Nach langwierigen Verhandlungen auf Regierungsebene kehrten die Fenster 2002 nach Frankfurt (Oder) zurück. Später fand man auch die restlichen sechs Felder, sodass seit 2009 wieder alle Bleiglasfenster in St. Marien bewundert werden können.

Das Gelände rund um die Kirche muss im Mittelalter eine Großbaustelle gewesen sein, denn gleich gegenüber haben sich die Frankfurter Bürger zu jener Zeit, als mit dem Bau der Kirche begonnen wurde, 1253, ihr prächtiges Rathaus errichtet. Wie es sich für Kaufleute gehört, sollte es als zweistöckige Markthalle mit Ratsstube und Gerichtslaube dienen. Der prunkvolle Südgiebel entstand später, in der zweiten Hälfte des 14. Jahrhunderts, und ist, durch die Architektur der Renaissance, für uns heute der eigentliche Hingucker. Höchster Punkt des Rathauses ist der vergoldete, schwebende Hering. Kaum einer weiß heute noch um seine Bedeutung. Bedingt durch die exklusive Lage an der Oder machten sich die Frankfurter mit dem Fischhandel einen Namen. Der Hering galt als besonders begehrt, war er doch die die wichtigste Fastenspeise des Mit-

Aneta Szczeniewicz

telalters. Noch zu Beginn des 16. Jahrhunderts sollen wöchentlich etwa 2.400 Tonnen Hering in Frankfurt angekommen sein. Der goldene Hering war also das Symbol für die wirtschaftliche Bedeutung der Stadt und nicht, wie viele meinen, ein Zeichen für die einstige Zugehörigkeit Frankfurts zur Hanse.

Heute, über 600 Jahre später, wird das alte Rathaus immer noch genutzt. Dass es nach seiner völligen Zerstörung im Zweiten Weltkrieg wieder aufgebaut werden konnte, ist einer Lotterie der Frankfurter Stadtväter aus dem Jahr 1949 zu verdanken. Unter dem Motto »Rettet das Rathaus« kam so viel Geld zusammen, dass man mit seinem Wiederaufbau beginnen konnte.

Heute arbeitet darin die Stadtverwaltung, zudem ist hier die Galerie »Junge Kunst« beheimatet, vor allem aber auch das Standesamt. Rund 200 Paare »trauen« sich hier jährlich und so treffen wir auf unserer Entdeckungstour das Brautpaar Yvonne Kampe und Silvio Reschke. Wie viele junge Leute mussten auch sie auf der Suche nach Arbeit ihre Heimatstadt verlassen. Und so hat das Schicksal sie nach Bielefeld verschlagen. Heiraten wollten sie allerdings nur hier – im schönen alten Frankfurter Rathaus. Gäbe es in ihrer Heimatstadt gute Arbeit, sie wären lieber heute als morgen wieder in Frankfurt. Wir verabschieden uns vom jungen Glück und holen Aneta mit unserem Bus von der Touristeninformation ab. Zusammen fahren wir über die Oder, ins polnische Słubice. Hier lebt sie mit ihrem Mann Pawel und dem kleinen Sohn Felip.

Bis 1945 gehörte Słubice als sogenannte Dammvorstadt oder Gartenstadt zu Frankfurt (Oder). Kurz vor Kriegsende sprengte die deutsche Wehrmacht die Brücke, die beide Stadtteile miteinander verband. Die Polen wünschten sich, dass Frankfurt nach dem Ende des Krieges polnisch würde, eine Teilung der Stadt war für sie nicht vorstellbar. So schickten sie Anfang Mai 1945 17 Verwaltungsmitarbeiter, fünf Handwerker und 28 bewaffnete Polizisten über den Fluss, um eine polnische Verwaltung aufzubauen. Aber es kam anders. Am 2. August 1945 beschlossen die Alliierten auf der Potsdamer Konferenz Deutschlands Grenzen an Oder und Neiße. Frankfurt blieb deutsch, Słubice wurde polnisch. Die Teilung der Stadt war damit für viele Jahrzehnte besiegelt. Wieder einmal war es der Fluss, der das Schicksal der Menschen bestimmte.

Heute sprechen Deutsche und Polen von der europäischen Doppelstadt, eine Grenze gibt es eigentlich nicht mehr, dafür aber Unterschiede in den Mentalitäten. Für Polen ist es nahezu selbstverständlich, Deutsch zu sprechen, während nur wenige Deutsche Polnisch können. Aneta erklärt uns dieses Phäno-

Das Rathaus von Frankfurt (Oder)

men. Ihre Landsleute wachsen in dem Bewusstsein auf, dass ihre Muttersprache schwer ist und nirgendwo anders auf der Welt gesprochen wird. Wenn man als Pole etwas erreichen will, muss man sich gut in anderen Sprachen auskennen. Auch ihr dreijähriger Sohn Felip lernt bereits Deutsch im Kindergarten – vermittelt durch eine ehemalige Horterzieherin aus Frankfurt, die ein- bis zweimal in der Woche nach Słubice in die Kita fährt, um mit den Kindern spielerisch Deutsch zu sprechen.

Das Leben zwischen Frankfurt und Słubice gefällt Aneta und ihrem Mann Pawel außerordentlich gut. Er arbeitet in einem Frankfurter Autohaus und spricht ebenfalls fließend Deutsch. Zum Abschluss unserer Begegnung, bei einem Spaziergang an der Oder, sind sich beide einig: Nirgendwo anders kann man das Leben zwischen den beiden Kulturen so genießen wie in dieser Doppelstadt.

Oderfluss-Charter | St. Marienkirche Frankfurt (Oder)

Uferstr. 3, 15230 Frankfurt (Oder)
0335/6069134
www.onkel-helmut.de

Gertraudenplatz 6, 15230 Frankfurt (Oder)
0335/38728010
www.st-marien-ffo.de

Helenesee

Unser nächstes Ziel ist der Campingplatz am Helenesee. Nur rund zehn Kilometer von Frankfurt entfernt, ist der See das Ausflugsziel und Erholungsgebiet vieler Frankfurter. Er ist rund 250 Hektar groß und mit 56,6 Metern der zweittiefste See Brandenburgs. Kenner und Experten schwärmen von der guten Wasserqualität und von dem kilometerlangen Sandstrand. Deshalb wird der See auch gern »kleine Ostsee« genannt. Diese kleine Ostsee war früher ein Kohletagebau, der 1958 geflutet wurde. Direkt am See liegt ein großer Freizeit- und Campingpark, unterteilt in Familien- und Jugend-Bereiche.

Es ist ein wunderbar warmer Abend, als wir etwas müde vom Tag ankommen. Am Strand genießen die Besucher die letzten Sonnenstrahlen oder nehmen noch ein Bad. An der Imbissbude treffen wir ein Ehepaar aus Sachsen. Sie stoßen gerade auf ihren letzten Abend an und erzählen uns, dass sie seit den 1970er-Jahren hierherkommen, früher mit ihren Kindern, heute allein. Für das kommende Jahr haben sie bereits wieder gebucht, auch sie schwärmen vom Strand und dem sauberen Wasser.

Wir schlendern über den Zeltplatz. Es liegt eine friedliche Stille über dem gesamten Gelände und ein würziger Geruch von Gegrilltem. Wir gehen von Zelt zu Zelt und fragen, warum es die Menschen hierhertreibt. Die meisten sind für ein verlängertes Wochenende angereist, andere verbringen mit ihren Freunden den gesamten Urlaub hier, wenige sind auf der Durchreise. Alle preisen das glasklare Wasser und den weißen Sandstrand. Unweit von unserem Bus treffen wir auf einen jungen Mann, der sich am Campinggrill seines Zeltnachbarn zu schaffen macht. Es wird eine sehr unterhaltsame, lustige Begegnung, bei der

Der Helenesee – ein ehemaliger Tagebau

Kilometerlanger Sandstrand am Helenesee sowie Yvonne und Rene Mende mit Sohn Gustav auf dem Campingplatz am Helenesee

sich herausstellt, dass er Campingneuling ist und aus Berlin Zehlendorf kommt. Der Tag habe es in sich gehabt, vertraut er uns an, mit Zeltaufbau, drei Kindern, wenig Ahnung vom Campen und einer drohenden Ehekrise. »Die Situation war schon sehr angespannt«, erzählt er und lacht dabei. Seinen Humor hat er glücklicherweise behalten. Auch weil der erfahrene Campingnachbar aus dem sächsischen Siebenlehn geholfen hat.

Nun stehen beide Männer am Grill und fachsimpeln. Natürlich schauen wir uns das nagelneue Zelt an und erfahren, dass es sich dabei um das Hochzeitgeschenk handelt. Alles Ton in Ton, blaugrau, vom Handtuchhalter bis zu den supermodernen, automatisch aufblasbaren Luftmatratzen. Auch der Campingkocher ist nagelneu, funktioniert allerdings nicht, sodass der gute alte Grill vom Nachbarn aushelfen muss. Mittlerweile ist auch die Gattin mit den drei Jungs vom Strand zurück und lächelt wieder. Wir verabreden uns für den nächsten Morgen. Wir sind gespannt, wie sie ihre erste Nacht im Zelt überstanden haben.

Es ist kurz nach sieben Uhr, am Strand frisst sich eine funkelnagelneue Maschine durch den Sand. »Cleanbeach« ist eine Neuanschaffung, wie uns der

Glasklares Wasser – der Blick reicht bis zum Grund

Zeltplatzchef stolz erzählt. »Strandkosmetik« mit moderner Technik – auch so entsteht für manchen Gast wenigstens kurzzeitig die Illusion, an der großen Ostsee zu liegen.

Wir schauen nach der jungen Familie aus Zehlendorf, mittlerweile ist es acht Uhr. Vater Rene bekommt kaum die Augen auf, dagegen sind die drei Jungs, Gustav, Tillmann und Moritz, schon auf »Betriebstemperatur«. Dank der Hightech-Luftmatratzen hätten sie gut geschlafen, erzählt Mutter Yvonne und ist fröhlich gelaunt. Noch haben sie einen Tag zum Verschnaufen, dann müssen sie wieder alles zusammenpacken. Für die Zeltnachtbarn aus Siebenlehn ist der Urlaub bereits zu Ende. Routiniert ist alles verstaut, nur der grüne Teppich muss noch gesäubert werden. Mit ihrem Wohnanhänger waren sie schon an vielen Orten, in diesem Jahr wollten sie nicht ganz so weit reisen.

Frankfurter Freizeit und Campingpark Helene-See

Am Helenesee 2	0335/556660
15236 Frankfurt (Oder)	www.helenesee.de

Eisenhüttenstadt

Für unser nächstes Ziel brauchen wir nur knapp eine halbe Stunde. Wir wollen nach Eisenhüttenstadt und bewegen uns quasi in die 1950er- und 1960er-Jahre der DDR. Schon von Weitem sehen wir den Rauch der ArcelorMittal Eisenhüttenstadt GmbH, dem ehemaligen Eisenhüttenkombinat Ost.

Mit unserem Bus fahren wir durch die Lindenallee, vorbei an der Mokka-Milch-Eisbar, dem Friedrich-Wolf-Theater, der ehemaligen Broiler Bar und den gelben Kiosken aus der DDR-Ära. Es ist, als wenn die Zeit stehen geblieben wäre, unheimlich, aber vertraut. Unser Ziel ist der »Akki« in der Karl-Marx-Straße. Damals, in den 1950er-Jahren war es das erste und größte Restaurant am Platze und besaß bis zu seiner Schließung 1991 für Eisenhüttenstadt Kultstatus. Hunderte Menschen strömten samstags zum Tanz, mittwochs zur Diskothek, donnerstags zum Witwenball. Die Arbeiter des Eisenhüttenkombinats kamen nach der Schicht und gönnten sich in der »Bierschwemme« ihr Feierabendbier. Im Restaurant dinierten Delegationen, wurden Ehrentage gefeiert, Jugendweihen und Brigadefeste. Heute ist der »Aktivist« Sitz der Eisenhüttenstädter Wohnungsbaugenossenschaft, die das Haus komplett restauriert hat. Neben den Büroräumen gibt es nun auch wieder ein Restaurant. Einmal im Jahr organisiert die Genossenschaft direkt vor dem Haus, zwischen Blumenrabatten und Arkaden, einen Seniorentanzabend mit Livemusik. Wir kommen mitten in die Vorbereitungen und treffen auf Dieter Kalitzki.

Der 75-Jährige kam Ende der 1950er-Jahre als Werkzeugmacher in die Stadt. In seiner thüringischen Heimat hätte er mehrere Jahre auf eine Wohnung warten müssen, in Eisenhüttenstadt bekamen er und seine Frau schon nach einem Jahr eine Zweieinhalb-Zimmer-Wohnung mit Fernwärme. Im »Aktivist« trat Dieter Kalitzki oft mit dem Ensemble des Eisenhüttenkombinats Ost auf. Seit 1959 war er Mitglied des Ensembles, erst als Tänzer, später als Sänger, und in den 1980ern für sechs Jahre sogar sein Leiter.

Während er mit uns über die große Treppe im Foyer durch die restaurierten Räume geht, schwelgt er in seinen Erinnerungen. In der zweiten Etage war früher der Tanzsaal, heute erinnern 15 Original-Kronleuchter, die wieder an ihrem ursprünglichen Platz hängen, an diese Zeit.

Eisenhüttenstadt gilt als erste »sozialistische Stadt« der DDR, 1950 beschlossen und quasi auf dem Reißbrett entstanden. Die Menschen kamen aus allen Teilen der Republik. 1953 hatte die Stadt 2.400 Einwohner, 1960 waren es bereits mehr als 24.000 und Ende der 1980er-Jahre über 53.000 Einwohner. Für all diese Menschen sollte eine Vorzeigestadt errichtet werden. Mit Theater, Kino,

Der »Aktivist« und das Gesangstrio »Elkadi« mit Dieter Kalitzki

Kaufhaus und für damalige Verhältnisse großzügigen Wohnungen – mit bequemer Fernheizung. Diese Wohnkomplexe waren durch große geschlossene Quartiere mit zentralen Grünachsen, Hausdurchgängen und torartigen Durchfahrten geprägt. Gebaut im klassizistischen Stil der sogenannten »nationalen Bautradition« sind fast alle Straßenzüge und Gebäude erhalten geblieben und bilden mit einer Ausdehnung von 94 Hektar heute das größte zusammenhängende Flächendenkmal Deutschlands.

Damals wie heute gibt es in Eisenhüttenstadt viele Vereine, gegenwärtig sind es 30 – vom Männerchor über die Jagdhornbläsergruppe bis zum Showballett. Für die mittlerweile nur noch 27.000 Einwohner ist das sehr beachtlich. Dieter Kalitzki geht mit uns zum letzten »Ableger« des EKO-Ensembles, zum Showballett »Fire&Flame«. 120 Tänzerinnen, im Alter von vier bis 50 Jahren, sind hier aktiv. Um die Tradition zu retten, gründeten die Tänzer gleich nach der Wende einen Verein, renovierten ein neues Haus, mit Fundus und Ballettsaal. Leider treffen wir nur wenige Mädchen bei der Probe an, kein Wunder, denn es sind Ferien.

Unsere Reise durch die jüngste Vergangenheit geht weiter. In der Fritz-Heckert-Straße zeigt uns Dieter Kalitzki seine Wohnung. Er wohnt seit fast 55 Jah-

Foyer im »Aktivist« im Originalzustand wieder hergestellt

ren hier. Noch wurde hier nicht saniert, die Treppenhäuser und Klingelanlagen erinnern tatsächlich an die 1960er-Jahre. Kalitzki wollte nie wegziehen, erzählt er uns, viel zu sehr war er mit der Kultur und seiner Arbeit verbunden. Als Ingenieur baute er das Kaltwalzwerk mit auf, wurde Vater von drei Kindern und absolvierte unzählige Auftritte im In- und Ausland mit dem EKO-Ensemble. Bis heute ist er künstlerisch aktiv und bestreitet mit dem Gesangstrio »Elkadi« bis zu 50 Auftritte im Jahr. Eine Kostprobe davon bekommen wir am Abend – beim Seniorenball vor dem »Aktivist«. Helene Fischer ist auch hier der große Renner, deshalb gehören ihre Titel, ihre Hits zum Standardrepertoire der Band. Die älteren Semester muss man nicht lange bitten, schon nach wenigen Titeln ist die Tanzfläche gut gefüllt. Wir haben das Gefühl, dass die meisten Eisenhüttenstädter dieser Generation recht zufrieden sind mit ihrem Rentnerdasein, nach einem erfüllten Arbeitsleben.

Restaurant Aktivist

Karl-Marx-Str. 45
15890 Eisenhüttenstadt

03364/2800788
www.restaurant-aktivist.de

Asylbewerberheim

Bevor wir uns aus Eisenhüttenstadt verabschieden, besuchen wir das Erstaufnahmelager für Asylbewerber in Brandenburg. Es ist nur rund einen Kilometer vom »Akki« entfernt. Eine Drehgenehmigung zu bekommen, war kein Problem – und auch bei unserer Ankunft ist alles unkompliziert. Das hatten wir anders erwartet. Wir wollen Tatjana Sosin treffen, eine junge Frau, die im Heim mit anderen Studenten der Viadrina einmal in der Woche Deutschunterricht gibt. Es ist eine freiwillige und ehrenamtliche Initiative, die nach einem Hilferuf der Heimleitung an der Uni in Frankfurt (Oder) gestartet wurde. Aus Eisenhüttenstadt hatte sich niemand bereit erklärt, nicht die rüstigen Rentner vom Vorabend, niemand aus der Stadtverwaltung, keine ehemaligen Lehrer oder Erzieher.

Per Internet teilen sich die Studenten ihre Dienste ein, mittlerweile sind sie zu zehnt. Auch an diesem Tag ist der Raum völlig überfüllt mit jungen Männern zwischen 19 und 28 Jahren. Sie kommen vorwiegend aus Syrien, dem Irak, Kamerun und Eritrea. Sie lernen die einfachsten Dinge: wie sie heißen, wie alt sie sind, woher sie kommen. Bis zu drei Monate bleiben sie und werden dann auf andere Heime aufgeteilt. Tatjana erzählt uns, wie dankbar die Flüchtlinge sind, weil der Unterricht sie fordert und ablenkt. Ansonsten vergehen die Stunden im Heim mit endlosem Warten.

Tatjana Sosin – beim Deutschunterricht im Asylbewerberheim

Frank Nürnberger im Gespräch mit einem Flüchtling

Im improvisierten Kindergarten im Haus nebenan spielen und toben Jungen und Mädchen unterschiedlichen Alters und unterschiedlicher Nationalität. Die Räume sind viel zu eng und es gibt zu wenige Betreuerinnen. Zumindest aber erleben die Kinder für kurze Zeit so etwas wie Normalität.

Draußen auf dem Hof treffen wir den Leiter des Heims, Frank Nürnberger. Er steht einem zornigen jungen Mann aus Eritrea gegenüber, der auf ihn einredet und wissen will, warum Flüchtlinge von den Eisenhüttenstädtern so schlecht behandelt werden. Nürnberger versucht, den jungen Mann zu beruhigen, überzeugende Antworten hat auch er nicht.

Wir erfahren, dass im Heim mittlerweile über 1.000 Flüchtlinge untergebracht sind, ursprünglich war es für 600 Menschen ausgelegt. In der Turnhalle stehen bereits Feldbetten und im Gelände Container, trotzdem reichen die Betten noch immer nicht. Bis 2008 wurde kaum Geld für Asylbewerberheime ausgegeben, erzählt Frank Nürnberger, die politisch Verantwortlichen in Brandenburg gingen von sinkenden Bewerberzahlen aus. Viel zu spät wurde auf die dramatische Entwicklung der letzten drei Jahre reagiert, nun wird zumindest für zwölf Millionen Euro ein Haus für Familien gebaut.

Wohncontainer auf dem Gelände des Asylbewerberheimes

Es ist mittlerweile mittags – die Sonne brennt. Im Haus der Essenausgabe stehen die Menschen Schlange. Es ist ein großer Tumult und dennoch erstaunlich, wie diszipliniert die Menschen auf ihr Essen warten. Im Speisesaal treffen wir auf Alan. Er kommt aus Syrien und ist Kurde. Zwei Brüder sind ebenfalls nach Deutschland geflohen, der Vater arbeitet in Saudi Arabien, die Mutter lebt in der Türkei. Auch in seiner Heimatstadt werden Kurden getötet, sagt der 20-Jährige. Nach dem Essen zeigt er uns seine Unterkunft. Acht Betten, vier Stühle, ein Tisch. Und trotzdem ist Alan froh, hier zu sein. In Syrien hatte er bereits zwei Semester Chemie studiert und befürchtete, zum Armeedienst eingezogen zu werden. Wir fragen ihn, warum es gerade Deutschland sein sollte. »Hier in Deutschland existiert ein System, Strukturen, Normen und Werte. Sogar wenn man kriminell geworden ist, kommt man vor ein ordentliches Gericht. In meinem Land sind jegliche Strukturen zusammengebrochen«, antwortet er auf unsere Frage.

Wir verlassen das Asylbewerberheim nachdenklich und mit vielen Fragen. Warum gibt es in Eisenhüttenstadt kaum Menschen, die sich ehrenamtlich für Flüchtlinge engagieren? Wie sollen die Kommunen mit den wachsenden Zahlen von Asylbewerbern zurechtkommen? Haben Asylbewerber von unserer Kultur und von dem, was sie hier in Deutschland erwartet, möglicherweise völlig falsche Vorstellungen? Auch Alan geht davon aus, eines Tages mit seiner kompletten Familie und vielen eigenen Kindern, in einem Haus wohnen zu können.

Kloster Neuzelle

Der Kontrast zu unserem nächsten Ziel, dem Kloster Neuzelle, könnte nicht größer sein. Hinter uns die Architektur aus sozialistischen Zeiten, vor uns das »Barockwunder Brandenburgs«, das Zisterzienserkloster Neuzelle. Schon bei der Zufahrt über die im barocken Stil angelegte Allee präsentiert sich dem Besucher die beeindruckende Fassade der katholischen Stiftskirche. Ähnliche Gotteshäuser kennt man vor allem aus Süddeutschland. In Brandenburg, wo Backsteingotik und Feldsteinkirchen die Landschaft prägen, ist solch ein Ensemble mit Orangerie und Klostergarten die Ausnahme.

Bevor wir aber in die Welt des Barocks eintauchen, werden wir vom Umzug des jährlich stattfinden Schützenfestes überrascht. Direkt vor dem Kloster sammeln sich die Vereine aus Neuzelle und Umgebung, darunter eine Abordnung des Schützenvereins Langenberg. Seit über 20 Jahren ist Langenberg in Nordrhein-Westfalen Partnergemeinde von Neuzelle. Seitdem besuchen sich auch die Schützenvereine zum jährlichen Höhepunkt. Dietlinde Kamphius ist die aktuelle Schützenkönigin Langenbergs und führt den Zug der Gäste an.

Wir bestaunen den restaurierten Innenhof der Klosteranlage. Auch wenn man heute vom »Barockwunder Brandenburgs« spricht: Das Kloster Neuzelle hatte ursprünglich nichts mit Brandenburg zu tun und es ist auch nicht im Barock entstanden. Seine Geschichte beginnt im Mittelalter. 1228 gründete Heinrich der Erlauchte, Markgraf von Meißen, das Kloster, das im gotischen Stil erbaut wurde. Vom 13. bis zum 18. Jahrhundert gehörte Neuzelle zur Niederlausitz und damit zum katholischen Böhmen. So ist auch zu erklären, dass Neuzelle ab 1650 im barocken Stil umgebaut wurde und trotz Reformation als katholisches Kloster erhalten blieb. Erst durch die Beschlüsse des Wiener Kongresses wurde die Niederlausitz 1817 dem Königreich Preußen zugeschlagen und das Kloster Neuzelle aufgelöst.

Betritt man als Besucher die barocke Kirche, wird man zunächst von der Pracht fast erdrückt. Walter Ederer vom Stift Neuzelle erklärt, warum die Ausgestaltung der Kirche einen solchen Eindruck macht: »Dass das heute hier so bombastisch und überladen auf uns wirkt, hat damit zu tun, dass wir die Aussagen der bildlichen Darstellung nicht mehr verstehen. Das war in der Barockzeit anders. Da haben die Mönche natürlich verstanden, was sich hinter den Figuren verbirgt, sie kannten die Geschichten, die kennen wir heute nicht mehr. Deshalb wirkt das heute für uns überladen. Es gibt hier schon eine ganze strenge Ordnung.«

Die gotischen Ursprünge des Klosters sind hingegen im Kreuzgang der Klausur zu bewundern. Kreuzrippenanlagen und Konsolenschmuck sind typi-

Barocke Stiftskirche Neuzelle (oben links), Pfarrer Uwe Weiss, Orangerie (oben rechts), im Originalbarock gebaute »Leutekirche«

sche Elemente der mittelalterlichen Architektur. Sie findet man im Refektorium, dem Speisesaal der Mönche und in der sogenannten Wärmehalle, dem Kalefaktorium. Mit dem Blick aus dem Fenster schaut man wiederum auf den barocken Klostergarten, den der letzte »Chef« des Klosters, Abt Gabriel Dubau, anlegen ließ. Geometrische Formen, Sichtachsen mit beschnittenen Hecken, Teichanlagen und Orangenbäume prägen den im französischen Stil gestalteten Klostergarten. Heute ist der Garten mit seiner Orangerie eine fantastische Kulisse, etwa für Brautleute. Rund 50 Hochzeiten finden hier jährlich statt.

Neben der großen Stiftskirche steht die kleinere Kirche zum Heiligen Kreuz. Sie wurde im 18. Jahrhundert als sogenannte Leutekirche im barocken Stil gebaut. Die ursprünglich katholische Kirche beheimatet heute die evangelische Pfarrgemeinde von Neuzelle. Pfarrer Uwe Weiss schätzt diese Besonderheit. »Wir finden hier eine Ikonografie vor, die im Wesentlichen als ökumenisch angesehen werden darf. Augustinus, der im Altar zu finden ist, ist auch für unsere Konfession ein wichtiger Mensch der Kirchengeschichte. Und gerade wenn wir Abendmahl halten, ist es in unserer Kirche eine schöne Sache, uns unter der

Blick auf den barocken Klostergarten und Walter Ederer von der Stiftung Stift Neuzelle

großen Kuppel im Kreis zu versammeln und in ganz anderer Weise den gemeinschaftlichen Aspekt des Abendmahls hervorzuheben, als wenn es diese Möglichkeit nicht gäbe.«

In seiner langen Geschichte hatte das Kloster Neuzelle sehr unterschiedliche Funktionen. Während der Reformationszeit diente es als Bildungseinrichtung, im zweiten Weltkrieg war es eine nationalpolitische Erziehungsanstalt (NAPO), 1945 ein sowjetisches Feldlazarett und in der DDR-Zeit, von 1951 bis 1986, ein Institut für Lehrerbildung. 1996 wurde die Stiftung Stift Neuzelle gegründet. Um wirtschaftlich auf eigenen Füßen zu stehen, erhielt die Stiftung statt Geld sämtliche Wälder und Ländereien vom Land Brandenburg zurück. Besonders an den Wochenenden ist Kloster Neuzelle ein Touristenmagnet. Rund 100.000 Besucher kommen jährlich, um die Anlage zu besichtigen, Konzerte zu besuchen oder den katholischen und evangelischen Gottesdienst mitzuerleben.

Stiftung Stift Neuzelle

Stiftsplatz 7	03 36 52 / 81 40
15898 Neuzelle	www.stift-neuzelle.de

Auf den nächsten Kilometern tauchen wir ein in sattes Grün. Wir durchqueren den Naturpark Schlaubetal, passieren romantische Täler und Waldgebiete links und rechts der Schlaube. Eine faszinierende Bachlandschaft. Mitten in dichten Wäldern befindet sich der Ort »Siehdichum«. Dieser ungewöhnlich geheimnisvoll klingende Name macht uns neugierig. Wir wollen wissen, welche Geschichte dahintersteckt.

Wir verlassen die Landstraße und fahren über Kopfsteinpflaster durch einen rot leuchtenden Buchenwald. Auf einer Anhöhe lichtet sich der Baumbestand und wir stoßen auf ein altes Forsthaus mit viel Nebengelass, idyllisch gelegen oberhalb vom Hammersee – sein Name: »Siehdichum«.

Diesen Flecken Erde hatte auch Gabriel Dubau, der letzte Abt von Neuzelle und Bauherr des Klostergartens, entdeckt und ließ genau an dieser Stelle 1746 für die Mönche ein Holzhaus bauen. Darin konnten sie sich vom Jagen und Fischen erholen und die herrliche Landschaft genießen. Der Legende nach sollten sie sich jeden Morgen aufs Neue umschauen und die »herrliche Schöpfung« genießen. Daher der Name »Siehdichum«, der 1780 erstmals erwähnt wurde. Eine andere Erklärung für die ungewöhnliche Bezeichnung könnte mit der Gegend zu tun gehabt haben. Denn das Sumpf- und Moorgebiet links und rechts der Schlaube war nicht ungefährlich. Ein Schild am Eingang zum Jagdhaus soll mahnend darauf hingewiesen haben. Mit der Übernahme von Kloster Neuzelle ins preußische Königreich wurde im Ort »Siehdichum« eine königliche Oberförsterei eingesetzt. Das alte Holzhaus wurde 1909 abgerissen und an gleicher Stelle das heutige Forsthaus als Herrenhaus mit zwölf Zimmern errichtet. Aus dem Herrenhaus wurde nach der Wende ein Restaurantbetrieb mit Pension, den heute die Familie Maßmann mit großer Leidenschaft und Hingabe bewirtschaftet.

»Dass dies hier die schönste Stelle des Schlaubetals ist, hat der Abt Gabriel Dubau schon vor über 200 Jahren erkannt. Das hat für mich bis heute Gültigkeit. Ich bin stolz darauf, hier zu sein,« sagt Marita Maßmann. Dem Besucher des Schlaubetals empfiehlt sie, unbedingt die Wanderstiefel anzuziehen, denn nur zu Fuß könne man die schönen, einsamen, verwunschenen Stellen überhaupt entdecken.

Wir haben uns mit Oberförster Horst Göthert verabredet, im Jeep fährt er uns an die schönsten Orte. Die »Schlaube« entstand als Abflussrinne des abtauenden Gletschereisens während der Weichsel-Eiszeit und gehört zum Berliner Urstromtal. Erstaunt sind wir über den steinigen, hügeligen, fast bergigen Charakter der Landschaft. Ein Ergebnis der Grund, Stauch- und Endmoränen

Forsthaus »Siehdichum« und Pensionschefin Marita Maßmann

der Eiszeit, erklärt uns Göthert. Auf unserer Waldsafari sehen wir 200 Jahre alte Bäume, fantastische Aussichtplätze, von denen man Kranich, Eisvogel, See- und Fischadler beobachten kann. Und wir fahren zum Lieblingsort des Oberförsters, zum sogenannten »Himmel«. Der Legende nach sollen sich Mönche bei einer Wanderung in einer tiefen Schlucht verlaufen haben. In ihrer Panik und Angst stellten sie sich genau so die »Hölle« vor. Erst nach einem langen Fußmarsch kamen sie endlich wieder ans Licht, die Anhöhe oberhalb des Treppelsees war für sie der »Himmel«.

Und tatsächlich, von hier hat der Besucher einen wunderbaren Ausblick auf die umliegende Wald- und Seenlandschaft. Wenn Oberförster Horst Göthert seine Seele baumeln lassen will, dann kommt er hierher. Er ist bereits Förster in der sechsten Generation und kann sich keinen schöneren Beruf vorstellen. Schon als Kind wollte er nichts anderes werden. Wieder zurück in »Siehdichum« zeigt uns Göthert den alten Försterfriedhof. Hier liegt nicht nur der königliche Forstmeister Wilhelm Reuter, der die Fischzucht und eine neue Forstkultur im Schlaubetal etabliert hat, sondern auch der Großvater von Horst Göthert. Der 56-Jährige wünscht sich später hier sein Grab. »Ich habe die meiste Zeit mei-

Steg am Hammersee und Oberförster Horst Göthert am Aussichtspunkt am Trebbelsee

nes Berufsleben im Schlaubetal verbracht, und man kann sich keinen schöneren Platz vorstellen, als irgendwann mal hier in die Erde gebettet zu werden. Und so wird mein Name auch mal hier stehen.«

Bevor wir das Schlaubetal verlassen, erfahren wir unweit vom Forsthaus bei einer zufälligen Begegnung am Gartenzaun von einer unglaublichen Geschichte. Auch diese hat mit der Abgeschiedenheit des Ortes zu tun, erzählt von der Stasi und ereignete sich in den 1960er- und 1970er-Jahren. Das Forsthaus wurde 1967 als Gästehaus des Ministeriums für Staatsicherheit genutzt und soll von Oberstleutnant Günter Wurm für 800.000 Mark zu einer feinen Herberge umgebaut worden sein. Zu dieser Zeit bastelte Stasioffizier Günter Wurm auch an seinem persönlichen Finanzimperium. Er vermittelte Geschäfte zwischen Westfirmen und DDR-Betrieben, die das westliche Wirtschaftsembargo umgehen wollten. Dafür gründete Wurm eine Scheinfirma namens »Industrievertretung« und kassierte für seine Vermittlungen hohe Provisionen. »Mit seiner kriminellen Energie war Wurm wohl der reichste Mann der DDR«, erzählt uns Herr Müller am Gartenzaun, der ehemalige Nachbar.

Seenlandschaft im Schlaubetal und Herr Müller am Gartenzaun unweit vom Forsthaus »Siehdichum«

In unmittelbarer Nachbarschaft erlebte Familie Müller den opulenten Lebensstil des Stasi-Mannes. Über 15 Jahre lang kam ihm niemand auf die Schliche, dann wurde es selbst der Stasi zu bunt. Mit der Verhaftung Wurms 1980 stand das MfS vor seinem größten Bestechungsskandal. Wurm hatte Millionen von D-Mark und angeblich 86 Kilogramm Gold beiseitegeschafft und das Vermögen versteckt. Einen großen Teil der Beute fand man auch im Schlaubetal, etwa in der angrenzenden Garage zum Wohnhaus der Müllers. Von den Machenschaften des Oberstleutnants erfuhr die Öffentlichkeit natürlich nichts, zu groß waren wohl die Verstrickungen hochrangiger Partei- und Regierungsmitglieder. Oberstleutnant Wurm wurde zu 15 Jahren Haft verurteilt und starb nach zwei Jahren an Herzversagen. Seitdem hatte auch Familie Müller wieder Ruhe.

Forsthaus Siehdichum

Siehdichum 1	03 36 55 / 210
15890 Siehdichum OT Schernsdorf	www.forsthaus-siehdichum1.de

Peitz

Wir verlassen das urwüchsige Schlaubetal und fahren durch die Reicherskreuzer Heide in Richtung Peitz. Nach den dichten Wäldern eröffnet sich völlig unerwartet eine weitläufige Heidelandschaft. Noch blüht das Heidekraut nicht, wir ahnen aber, wie schön es sein muss, wenn die Büsche in wenigen Wochen in voller Blütenpracht leuchten.

In Peitz halten wir mitten auf dem Marktplatz vor der evangelische Kirche. Gebaut in rotem Backstein erinnert sie an den Baustil der Gotik, ist aber Jahrhunderte später, 1854 bis 1860, als neoromanischer Backsteinbau von Friedrich August Stüler, einem Schüler Schinkels, erbaut worden. Besonders markant: der Rundbogenstil des dreischiffigen Hallenbaus.

Aufgrund baulicher Mängel stand die Kirche in den 1970er-Jahren lange leer und wurde später im Rahmen eines Sonderbauprogramms saniert und neu gestaltet. Seitdem haben die Peitzer ein modernes Gemeindezentrum, in dem

Stadtkirche Peitz und Festungsturm, gebaut um 1300

Dirk Redies, ehemaliger Orgelbauer, vom Kultur- und Tourismusamt Peitz

nicht nur Gottesdienste, sondern auch Gospelchorproben, Senioren-Treffen, Gemeindefeste, Konzerte und andere öffentliche Veranstaltungen stattfinden.

Interessant und spannend ist die Geschichte der Kirchenorgel. Erzählt wird sie von Dirk Redies. Redies stammt aus Peitz und war ursprünglich Orgelbauer. 1993 besuchte er die Kirche in Spandau und erfuhr, dass die Orgel dort durch ein neues Instrument ersetzt werden sollte. Da hatte er eine Idee: Er wollte die Orgel aus Spandau für seine Heimatkirche. In Peitz gab es zwar eine Orgel, diese war aber für das große Kirchengebäude eigentlich zu klein. Darüber ärgerte sich Orgelkenner Redis schon seit Jahren. Nach ersten Verhandlungen in Spandau setzte sich Redis gegen andere Interessenten durch, sein Plan schien aufzugehen.

Nach dem letzten Gottesdienst zur Jahreswende 1994/95 baute Redies mit vielen ehrenamtlichen Helfern aus Peitz an nur einem Tag 4.000 Pfeifen in Spandau aus und brachte sie in mehreren Lkw-Ladungen in seine Heimatstadt. In wochenlanger, abermals ehrenamtlicher Arbeit über ein ganzes Jahr hinweg wurde die Orgel in Peitz wiederaufgebaut und zu Pfingsten 1996 geweiht.

Peitzer Teiche

Initiator und Organisator Redies ist heute stellvertretender Amtsleiter für Kultur- und Tourismus und noch immer mächtig stolz, wenn er diese Geschichte erzählt.

Neben der Kirche gehört der Peitzer Festungsturm mit seinen dicken Mauern von bis zu sechs Metern zu den markantesten Gebäuden der Stadt. Der Turm wurde bereits um 1300 erbaut und Mitte des 16. Jahrhunderts, als Markgraf Johann von Küstrin Peitz zur Festung ausbauen ließ, in die Festungsanlage integriert. Markgraf Johann von Küstrin war offenbar nicht nur militärisch bewandert, er besaß auch wirtschaftlichen Weitblick. Zeitgleich zum Bau der Festung ließ er südöstlich der Stadt umfangreiche Teiche anlegen, die für die Fischzucht vorgesehen waren. Erste Aufzeichnungen zur Karpfenzucht datieren aus den Jahren 1577/78 und dokumentieren deren lange Tradition in Peitz. Auch der Bau des Hammergrabens ist auf die Aktivitäten des umtriebigen Markgrafen zurückzuführen. Durch den Graben fließt das Wasser aus der Spree nach Peitz und damit in die Teiche. Die verschiedenen Teiche wurden terrassenförmig angelegt, sodass sie unter Ausnutzung des Gefälles geflutet und abgelassen werden.

Ende des 19. und Anfang des 20. Jahrhunderts wurde von Peitz aus die Cottbuser Karpfenbörse organisiert, der wichtigste Marktplatz für Karpfenhandel in Europa jener Zeit. Ab den 1950er-Jahren entstand hier einer der größten Karpfenzuchtbetriebe der DDR. Nachfolger des alten DDR-Betriebes ist die Teichgut Peitz GmbH, die heute auf rund 1.000 Hektar Speisefische züchtet. Die letzten 20 Jahre waren für das Unternehmen schwer und auch aktuell ist der Konkurrenzkampf mit Anbietern aus Tschechien, Polen und Übersee hart, erzählt Geschäftsführer Gerd Michaelis am Rande der Teichanlage.

Gerd Michaelis, Geschäftsführer der Teichgut Peitz GmbH, und die aktuelle Teichnixe Alexandra Malk

»Mit der Globalisierung der Märkte ist es recht schwierig, Karpfen zu verkaufen. Die Herstellungskosten sind hoch und auf den deutschen oder europäischen Markt drängen die Anbieter aus der Tschechei oder Vietnam mit dem Pangasius und da muss sich auch der Karpfen behaupten. Der Karpfen ist ein gewisser Exot, er steht bei den Süßwasserfischen in Deutschland nur an fünfter Stelle.«

So viel wie möglich über den Karpfen zu wissen, daran ist vor allem die aktuelle Teichnixe interessiert. Alexandra Malk wurde im Frühsommer für zwei Jahre zur Teichnixe gekürt und mit ihrem natürlichen Charme wird sie die Peitzer Karpfenproduktion bis 2016 bundesweit auf Messen und Empfängen präsentieren.

Die Peitzer Teiche haben, als größtes zusammenhängendes Teichgebiet Deutschlands, nicht nur ökonomische Bedeutung. Sie sind zugleich Brutgebiet für seltene Wasservogelarten und dienen als Rastplatz während der jährlichen Vogelzüge.

Und wo könnte man besser und genussvoller frisch zubereiteten Karpfen essen als direkt beim Produzenten? Im Restaurant »Teichgut Peitz« lassen wir unseren Besuch ausklingen, bekommen einen herrlichen Karpfen serviert und genießen die Abendsonne an den Peitzer Teichen.

Teich GUT Peitz

Hüttenwerk 1	03 56 01 / 8 02 20
03185 Peitz	www.teich-gut-peitz.de

Auf unserer Reise fahren wir nun weiter Richtung Süden und halten in Cottbus an der Universität. Im Juli 2013 fusionierten die Brandenburgische Technische Universität Cottbus und die Hochschule Lausitz zur Brandenburgischen Technischen Universität Cottbus-Senftenberg (BTU). Die BTU ist die einzige technische Universität in Brandenburg, mit aktuell rund 7.000 Studierenden in acht Fakultäten. Etwa 18 Prozent von ihnen kommen aus dem Ausland, aus rund 100 Ländern. Bei unserer Ankunft wirkt der Campus allerdings wie ausgestorben. Kein Wunder, es ist Sommer und vorlesungsfreie Zeit.

Optischer Anziehungspunkt der Uni ist die Bibliothek und die schauen wir uns etwas näher an. Das Gebäude wurde von den Schweizer Architekten Jaques Herzog und Pierre de Meuron entworfen, 2003/04 gebaut und ein Jahr später eröffnet. Es besticht durch eine ungewöhnlich leicht anmutende Fassade. Es gibt keine Vorder- oder Rückseite, sondern unterschiedlich große Kreisflächen, die schwungvoll miteinander verbunden sind. Ummantelt wird der Bau von einer Glasfassade, auf der das Weltalphabet im Siebdruckverfahren aufgebracht

Bibliothek der BTU

Foyer in der Bibliothek

ist. Diese Fassade setzt sich aus 5.133 Glasscheiben zusammen. Im Inneren der Bibliothek ist man von den prallen Farben überrascht. Wände und Böden sind Grün, Magenta, Gelb, Rot und Blau gestaltet. Als Vorbild diente, wie wir erfahren, das alte Fernsehtestbild. Gegenpol zu den knalligen Farben sind die dezenten Grau- und Weißtöne der Leseplätze und Bücherregale. Mittelpunkt der Bibliothek ist die Spiraltreppe vom Untergeschoss bis zur sechsten Etage. Für seine innovative Ausstrahlung erhielt das IKMZ, das Informations-, Kommunikations- und Medienzentrum, 2006 den nationalen Bibliothekspreis. Ein Jahr später wurden die Schweizer Architekten vom Bund Deutscher Architekten für ihren außergewöhnlichen Bau ausgezeichnet. Wie allerdings die Cottbusser das Gebäude finden, haben wir nicht nachgefragt. Wir, als Besucher, wären auf den ersten Blick auch nicht darauf gekommen, dass sich hinter dieser Fassade eine Bibliothek befindet.

Universitätsbibliothek Cottbus

Platz der Deutschen Einheit 1	0355/690
03046 Cottbus	www.b-tu.de

Das Braunkohlegebiet von Proschim und Welzow Süd

Von Cottbus fahren wir nun in den südlichsten Teil von Brandenburg, in die Lausitz. Unser Ziel ist das Braunkohlegebiet rund um Proschim und Welzow. Seit vielen Monaten ist der Braunkohletagebau Welzow Süd in aller Munde und damit der Beschluss der Landesregierung, die Dörfer Proschim und Welzow Süd für die Braunkohlegewinnung zu opfern. Besonders in Proschim hat sich eine große Protestbewegung gebildet und das Dorf in Gegner und Befürworter gespaltet. Seit vielen Jahrzehnten leben die Menschen in ständiger Sorge um ihre Häuser, denn schon zur DDR-Zeit sollten hier Bagger anrücken. Dann aber kam die Wende und mit ihr die Hoffnung, dass alle Menschen bleiben können. Nun aber will das schwedische Unternehmen Vattenfall auch in tieferen Schichten nach Braunkohle graben und damit den Tagebau erweitern.

Einen ersten Eindruck über die Ausmaße und Dimensionen des Tagebaus bekommen wir am neuen Aussichtspunkt in Welzow Süd. Wir blicken auf eine meterhohe, aufgewühlte Sandlandschaft, die bis zum Horizont reicht. Später erfahren wir, dass der Tagebau für so manchen Spielfilm als Kulisse diente. Auf der Aussichtsplattform treffen wir das Ehepaar Seifert. Sie stammen von hier und sind ebenfalls von der Schleifung des Dorfes betroffen. Von hier bis zu ihrem Einfamilienhaus in Welzow sind es nur 15 Minuten, mehrmals in der Woche geht Eberhard Seiffert diesen Weg. Der 76-Jährige ist in Welzow geboren, hat hier geheiratet, seine Kinder großgezogen und bis zur Rente für die Braunkohle gearbeitet. So wie schon sein Großvater, dem er als Kind oft das

Johannes Bieder vom Tagebau mit dem Team am Grabenbunker

Eimerkettenbagger, seit 1956 in Betrieb, und Eberhard Seiffert am Aussichtspunkt Welzow Süd

Mittagessen in die Grube brachte. Eberhard Seiffert wurde Betriebsschlosser in der Brikettfabrik, war später in einer großen Maschinenzentrale für Braunkohletechnik tätig. Wegen der Kohle soll er nun sein Zuhause verlassen.

In seinem Garten zeigt er uns die alten Karten des Braunkohlegebietes. Die ersten Braunkohlefunde stammen aus dem Spremberger Gebiet. Seit 1844 wurde aus einer Lehmgrube Kohle für die umliegenden Glashütten und Ziegeleien gefördert. Später fand man auch bei Welzow Braunkohle, 1866 wurde die erste Grube mit dem Namen »Clara« angemeldet.

Die Seifferts wissen noch nicht, wie es weitergeht. Sie würden sich sogar noch einmal ein kleines Häuschen bauen lassen, aber das müsste schnell gehen, denn viel Zeit bleibt ihnen nicht mehr. Die Diskussionen um die Abbaggerung zehren an ihren Nerven.

Silke Butzlaff ist eine von wenigen Frauen, die in der Kohle als Baggerfahrerin arbeitet. Vor 32 Jahren hat sie als Lehrling beim VEB BKW Welzow angefangen und nennt sich heute stolz und selbstbewusst Maschinistin für Tagebaugroßgeräte. Sie sitzt auf dem ältesten Eimerkettenbagger, der seit 1958

Haldenschüttgerät und Silke Butzlaff

in Betrieb ist und den sie liebevoll ihr »Baby« nennt. Silke Butzlaff kennt all die Diskussionen um die Braunkohle und wird wütend, wenn sie und ihre Kollegen für die Abbaggerung verantwortlich gemacht werden. »Es tut weh zu hören und zu sehen, wie mit unserem Beruf umgegangen wird. Es heißt, wir vertreiben Menschen, es heißt, wir zerstören die Umwelt, jede Sache hat aber zwei Seiten. Wir, die wir im Bergbau arbeiten, hängen ja mit dran. Wir arbeiten hier und verdienen unser Geld, unsere Existenz hängt auch daran. Also würden wir unsere Heimat genauso verlieren.«

Auf dem Bagger zeigt sie uns ihren Lieblingsplatz und klettert auf den höchsten Punkt. Wir sind 15 Meter über dem Kohlegraben. Von hier oben hat man einen fantastischen Blick bis zu den Kraftwerken in Schwarze Pumpe und Jänschwalde. Silke Butzlaff liebt ihren Beruf und will noch viele Jahre in der Kohle arbeiten.

Noch während unserer Tour gibt es Neuigkeiten aus Schweden. Das schwedische Unternehmen Vattenfall will verkaufen, so die letzten Informationen. Was das für die Seifferts und Silke Butzlaff bedeutet, ist noch nicht abzusehen.

Spreewald/Lübben

Wir verlassen die zerfurchten Landschaften der Tagebaugebiete und fahren Richtung Norden in den Spreewald. Der Spreewald wurde 1990 zum Biosphärenreservat ernannt und erstreckt sich auf einer Länge von 55 und einer Breite von 15 Kilometern. Ein relativ kleines Fleckchen Erde – für die Touristenströme, die hier im Sommer mit den Spreewaldkähnen für Staus auf den 194 befahrbaren Fließen sorgen.

Der Spreewald ist wie ganz Brandenburg im Eiszeitalter entstanden. Das Schmelzwasser konnte sich in den flachen Urstromtälern nicht in den Boden eingraben, sondern suchte sich in weiten Verzweigungen seinen Weg über das Land. Diese natürlich entstandenen Wasserstraßen haben sich die Menschen über Jahrhunderte als Lebensraum nutzbar gemacht.

Unser Ziel ist Lübben, auf das wir neugierig sind, weil es zu den ältesten Ansiedlungen im Spreewald gehört. Seit dem 15. Jahrhundert war es die Hauptstadt der Niederlausitz – bevor es 1815 preußisch wurde und seinen »Hauptstadtstatus« verlor.

Mit unserem Bus halten wir direkt vor dem alten Festungsturm an der Paul-Gerhardt-Kirche und treffen eine Frau mit einem einzigartigen Job. Der Wehr- und Wachturm ist 53 Meter hoch und wurde 1494 zum ersten Mal erwähnt. Über eine Wendeltreppe führen 115 Stufen hinauf, die Vera Städter mehrmals in der Woche gemeinsam mit den Besuchern besteigt. Seit 2011 ist sie Brandenburgs erste und bisher einzige Türmerin und erklärt den Touristen mit viel Charme und Humor Geschichte. Sie steckt dabei in einem Kostüm – schwarze Hosen, weiße Bluse, gelbe Weste, schwarzes Barett mit Federschweif. Sie ist stolz auf diese kleine Stadt und erzählt, dass Lübben noch kurz vor Ende des Zweiten Weltkriegs von der SS zu Festung erklärt und somit der Zerstörung preisgegeben wurde.

Heute gehört die Stadt zu den »blühenden Landschaften«, die Altkanzler Kohl nach der Wende versprach. Zwischen 2004 und 2011 wurde in Anlehnung an den historischen Stadtkern die Altstadt wieder aufgebaut und 2006 der neu gestaltete Marktplatz eingeweiht.

Mit Vera Städter ist vor drei Jahren eine historische Figur wiederentdeckt worden. Die Tradition des Türmers reicht bis ins 18. Jahrhundert zurück. Damals hatte er die Aufgabe, die Stadt vor Feuer und Feinden zu warnen. 14 Brände mussten der Turm und die Stadt überstehen. Solch einen Job hatte Vera Städter zunächst nicht auf ihrem Plan. »Ich war bei der Touristeninformation und wollte eine eigene Idee vortragen. Dann erfuhr ich, dass man die Figur des Tür-

Paul Gerhardt Kirche mit Turm

mers wieder zum Leben erwecken wollte und genau diese Stelle zu vergeben sei«, erzählt uns die 48-Jährige. Sie überlegte nicht lange und fand Gefallen an diesem Vorhaben. Mittlerweile hat sie viele Geschichten parat, auch die der drei Glocken im Glockenstuhl. Glocken wurden in den beiden Weltkriegen immer wieder für Kriegsmaterial gebraucht und eingeschmolzen, so auch in Lübben. Deshalb hängen heute im Turm nicht mehr die Originale. Die Älteste der drei Glocken ist aus Bronze und kam 1949 über den Hamburger Glockenfriedhof

Vera Städter – einzige Türmerin in Brandenburg

nach Lübben und stammt ursprünglich aus Sommerfeld, dem heutigen polnischen Lubsko. Die anderen beiden Glocken kamen aus Apolda in Thüringen. Da man kein anderes, hochwertigeres Material zur Verfügung hatte, wurden sie aus Eisen gegossen. 1963 erklangen erstmals wieder alle drei Glocken im Festungsturm.

Oben angelangt, können die Besucher den weiten Blick über das Land nach allen Himmelsrichtungen genießen. Viel Wald ist zu sehen, die weltweit größte freitragende Halle von Tropical Islands, aber auch der Kirchturm vom etwa 13 Kilometer entfernten Lübbenau, unserem nächsten Ziel.

Paul-Gerhardt-Kirchengemeinde Lübben

Pfarrer Olaf Beier
Paul-Gerhardt-Str. 2
15907 Lübben

03546/7347
www.paul-gerhardt-luebben.de

Lübbenau

Lübbenau ist nur wenige Autominuten von Lübben entfernt. Es ist eine große Freude, in dieses Städtchen zu fahren. Wunderschöne Blumenrabatten verführen die Besucher zum Flanieren in den schmalen Straßen. Schon nach wenigen Minuten macht sich Urlaubstimmung breit.

Lübbenau wurde 1190 zum ersten Mal urkundlich erwähnt. Zunächst siedelten die Slawen hier, später beherrschten die Raubritter diese Gegend. 1621 erwarb das alte italienische Grafengeschlecht der Lynars die Herrschaft Lübbenau. Über 300 Jahre prägten sie die Geschichte der Stadt, ehe sie 1944, nach dem Attentat auf Hitler, einen großen Teil ihres Besitzes verloren und mit der Bodenreform 1946 komplett enteignet und vertrieben wurden. Doch seit der Wiedervereinigung sind auch sie wieder in Lübbenau präsent.

Unser Weg führt uns zunächst in die Touristeninformation. Hier sind wir mit der jungen Modedesignerin Sarah Gwiszcz verabredet. Mit ihren schwarzen Haaren und unzähligen bunten, langen Zöpfen zieht sie sofort die Aufmerksamkeit auf sich. Sie hat für die Frauen der Touristeninformation eine Kollektion entworfen, die an die Traditionen der alten »Arbeitskleidung« im Spreewald erinnern soll. Sogenannte Polka-Jacken mit kleinem Schößchen, dazu weiße Blusen mit Biesen, abgesetzt an Kragen und Saum mit Blaudruckmotiven. Es war ihr erster Auftrag nach dem Studium, erzählt sie uns stolz. Sarah Gwiszcz hat in Berlin Modedesign studiert. Das Thema ihrer Semesterarbeit: »Sorbisch modern«. Die gebürtige Spreewälderin kennt sich bestens mit der Tradition von Sorben und Wenden aus und verknüpft historische Motive mit modernen Stoffen und Design. Dabei lässt sie sich von Sagen und Geschichten inspirieren und schaut in ihrem Atelier, wenige Kilometer von Lübbenau entfernt, oft in alte Bücher. Lange, schwingende Röcke, geraffte Einsätze an Blusen und Schürzen, Hüftbänder mit schmalen Schleifen sind in ihren Entwürfen immer wieder zu finden. Dabei kombiniert sie dunkelblaue mit senfgelben Stoffen und verwendet häufig Blaudruckmuster.

Mit großer Zuversicht hat sie sich nach dem Studium selbstständig gemacht und auf dem elterlichen Hof ihr Atelier eingerichtet. Ihr eigenes Modelabel heißt: »Wurlawy« – benannt nach den sorbischen Sagengestalten der wilden Spreewaldfrauen. Der Gedanke, den Spreewald zu verlassen, kam der 26-Jährigen nie. Zwischen alten Bräuchen und modernem Lebensstil fühlt sie sich zu Hause. Und so zeigt sie sich bei unserer Verabschiedung in der Tracht der Oma ihres Freundes. Um 1900 genäht, ist diese Tracht mittlerweile eine richtige Kostbarkeit.

Spreewaldarm bei Lehde und Sarah Gwiszcz, Designerin aus dem Spreewald

Wir wollen wieder zurück nach Lübbenau, das schöne Wetter genießen und die Spreewaldkähne mit den gut gelaunten Menschen beobachten. Zunächst allerdings sind wir sprachlos. Genau vor unserem Bus steht ein zweiter Robur, in genau derselben Farbe. Reinhardt Rogge ist völlig aus dem Häuschen. Die junge Familie aus dem Bus kommt aus Berlin und ist auf dem Weg zu einer Hochzeit. Im Internet haben sie von unserer Tour gelesen und wollten schnell ein Erinnerungsfoto schießen. Nun wird gefachsimpelt. Was für eine schöne Überraschung!

Zurück im touristischen Zentrum des Spreewaldes treffen wir unweit von Lehde auf einen dreirädrigen Bierwagen. Wir lernen Bierbrauer Roberto Babben kennen, der seinen Transporter sehr geschickt durch Wiesen und über Brücken lenkt. Dieses Gefährt macht es möglich, problemlos die Ausflugslokale an den Spreearmen mit Bier zu beliefern. Bekannt ist der Spreewald durch seine Gurken, durch Sauerkraut und Meerrettich. Dass hier auch Bier gebraut wird, verblüfft uns. Dabei kann Lübbenau auf eine lange Bier-

Spreewaldarm bei Lübbenau sowie Jürgen und Roberto Babben

tradition verweisen, die 1670 mit dem Braurecht der Brauerschaft Lübben ihren Anfang nahm. Die Geschichte der Familie Babben begann in den 1920er-Jahren des vergangenen Jahrhunderts. Großvater Erich erwarb die Brauerei und produzierte zusätzlich alkoholfreie Getränke. Die Bierfässer wurden über Schienen von der Brauerei bis in die Spreewaldkähne gekullert, denn nur vom Kahn aus konnten die Lokale beliefert werden. Auch der Vater von Roberto, Jürgen Babben, staakte die Fässer noch im Kahn. Er übernahm die Brauerei von seinem Vater in den 1960er-Jahren und führte sie bis zur Verstaatlichung 1972. Nach 300 Jahren Biertradition in Lübben war erst einmal Schluss. Der Betrieb wurde komplett eingestellt und Jürgen Babben arbeitete als angestellter Braumeister im VEB Getränkekombinat. Verbittert wirkt der heute 71-Jährige dennoch nicht. Er ist stolz darauf, dass er und seine Kinder die Biertradition in der Lübbenauer Brauhausgasse nach der Wende wiederbeleben konnten. In der modernen Gäranlage steht heute ein 500-Liter-Kessel, in dem das ganz spezielle Babben-Bier gebraut wird. Hell, nicht zu kräftig, süffig-fruchtig im Geschmack. Für die besondere Malzmix-

Gaststätte in Lehde

tur ist immer noch Jürgen Babben zuständig, der den Betrieb längst an seinen Sohn Roberto übergeben hat.

Wir sind von diesem Familienbetrieb mit Restaurant und Pension begeistert. Jeder hat seine Aufgabe und der Zusammenhalt ist spürbar. Die Touristen kommen in Scharen und das ist gut fürs Geschäft. Mit dem richtigen Schwiegersohn an ihrer Seite wird die Tochter von Roberto den Familienbetrieb hoffentlich eines Tages übernehmen – dann in vierter Generation. Im Biergarten stoßen wir gemeinsam an und wünschen der Familie, die uns so herzlich aufgenommen hat, alles Gute.

Unsere Tour von Frankfurt (Oder) über die Braunkohle bis in den Spreewald geht zu Ende. Wir haben tolle Menschen getroffen, Situationen erlebt, die lange nachwirken, und immer wieder atemberaubende Landschaften durchfahren.

Sarah Gwiszcz – Modedesign | Brauhaus und Pension Babben

Sarah Gwiszcz – Modedesign	Brauhaus und Pension Babben
Alte Dorfstr. 25	Brauhausgasse 2
03222 Lübbenau OT Ragow	03222 Lübbenau
0176 / 78 01 91 21	0 35 42 / 21 26
ziehdirwasan.blogspot.de	www.babben-bier.de

Von Senftenberg bis nach Kloster Lehnin

Heike Hartung

Senftenberg

Es ist ein bisschen wie am Mittelmeer. In der Hafenbar am Wasser stehen mit weißem Stoff bezogene Lounge-Sessel und Sofas an Glastischen, wenn der Wind aufzieht, rascheln die Palmen über den Köpfen der Gäste. Man hört das nahe Plätschern der Boote, die an ihren Liegeplätzen festgemacht sind, und das der Wellen, die an die Kaimauer schlagen. Breite, steinerne Stufen führen hinab zu den Bootsstegen. Alle Hafengebäude sind nagelneu, mit dunkelbraunem Holz verkleidet, zum Teil hellblau angestrichen. Die Fenster sind große Glasflächen, in denen sich die Boote spiegeln. Hinter einem dieser Fenster – im Hafenmeisterbüro – treffen wir Ulrike Herrmann. Dass die Palmen nur 1,50 Meter groß sind und in Blumentöpfen stehen und dass die Strandbar menschenleer ist, weil es in Strömen regnet – das alles stört Ulrike Herrmann nicht, denn der Job im Hafen ist ihr Traumjob.

Unser blauer Robur-Bus darf ausnahmsweise bis auf die Hafenpromenade fahren, er leuchtet so blau wie die Gebäude. Ansonsten ist die Promenade Spaziergängern, Radfahrern und Bootstouristen vorbehalten. Hier gelten strenge Regeln – Ulrike Herrmann achtet darauf, dass sie eingehalten werden. Dass sie hier einmal als Hafenmeisterin arbeiten würde, schien ihr früher genau so unwahrscheinlich, wie die Tatsache, dass der Senftenberger See einmal zu Europas größter künstlich angelegter Seenplatte gehören würde. Auf zwei Seen können inzwischen Schiffe und Boote fahren, ein dritter schiffbarer See kommt demnächst dazu. Kaum eine Landschaft in Brandenburg hat sich in den letzten Jahrzehnten so sehr verändert wie Ulrike Herrmanns Heimat. Nachdem 1860 bei Senftenberg die erste Braunkohle entdeckt wurde, holte man den Schatz mühsam über Schächte und Stollen aus der Erde. Mit den ersten Gruben entstanden die Brikettfabriken. Dann begann man, die Kohle im Tagebau zu fördern, das ganze Lausitzer Revier lebte davon. Senftenberg wurde größer, moderner, entwickelte sich zur Energiezentrale der DDR. Doch nach der Wende verlor die Kohle an Bedeutung, 1999 stellte der Tagebau Meuro als letzter in Senftenberg die Kohleförderung ein. Die Landschaft um die Stadt veränderte sich, denn da, wo nichts mehr zu holen war, wurden die ausgekohlten Löcher geflutet. Anstelle der Mondlandschaft entstanden nun riesige Seen. Aus dem ehemaligen Tagebau Niemtsch wurde der 1.300 Hektar große Senftenberger See. Heutzutage hoffen die Senftenberger auf den Wassertourismus, die Stadt gilt als Mittelpunkt des sich gerade profilierenden Lausitzer Seenlandes.

Der See, auf dem heute kaum ein Boot zu sehen ist, wurde 1973 zum Baden freigegeben. Als Erholungsgebiet und sozialistische Freizeitoase. Von den 18 Ki-

Stadthafen von Senftenberg – Hafenmeisterin Ulrike Herrmann

lometern Ufer sind sieben Kilometer schön gestaltete Strände mit mehreren FKK-Abschnitten. Der See hat eine hervorragende Wasserqualität und liegt unmittelbar an der Grenze zu Sachsen – seinen Spitzennamen »Sachsenbadewanne« kennt auch Ulrike Herrmann. Die 49-Jährige ist eigentlich gelernte Bauingenieurin und kam mit 20 aus der Sächsischen Schweiz nach Senftenberg. Ihr Großvater war Baumeister, ihr Bruder ist in der Baubranche, das liege in der Familie. Bauen heißt, etwas verändern, und so betreute sie Bauprojekte am Senftenberger See. Als es nicht mehr so gut lief in der Branche, habe sie großes Glück gehabt und als Quereinsteigerin sozusagen in den Tourismus wechseln können, gleich hier an Ort und Stelle. Seit 2013 gibt es den Stadthafen und die Marina: Gebaut für 13 Millionen Euro, 140 Liegeplätze an fünf Stegen, besucht von Tausenden Touristen im Jahr. Ulrike Herrmann ist nun für alles zuständig, von der Dusche für die Segler bis zur Vermietung der Bootsliegeplätze.

Jetzt flitzt sie nach draußen in den Regen, das Fahrgastschiff Auguste nähert sich. Auf seiner Rundfahrt legt es täglich zweimal an der schwimmenden Seebrücke an, die mit ihren 80 Metern Länge wie eine angehobene Zugbrücke auf den See hinausragt. Heute sind nur eine Handvoll Gäste auf dem Schiff.

Vom Kohlerevier zum Touristenmagnet – das Lausitzer Seenland

Ulrike Herrmann begrüßt jeden persönlich. Ein Rentnerehepaar mit Enkeln, eine junge Familie, ein paar Radler. Dem einen empfiehlt sie einen Radweg, den anderen eine Hafenbesichtigung – immer gut gelaunt, immer mit ihrem weiß-blauen Regenschirm in der Hand.

Während sie zwischen den vielen im Wasser liegenden Jachten, Segel- und Sportbooten entlangläuft, erzählt sie noch, dass sie selbst nur ein kleines, rotes Schlauchboot habe. Eines Tages wünsche sie sich einen Angelkahn mit Motor und viel Zeit in der Hauptsaison. Dann wolle auch sie lange Fahrten über »ihre Seen« machen. Vielleicht mit ihrem Sohn, den sie gern öfter sehen möchte. Er ist vor Kurzem mit seiner Freundin nach Bayern gezogen. Beide haben technische Berufe und hier in der Region keine Zukunft für sich gesehen.

Die Sonne kommt raus. Wir fahren die Allee entlang, die vom Hafen ins Stadtzentrum führt. Nach 200 Metern, hinter Bäumen versteckt, liegt die Senftenberger Festung. Die Anlage ist von einem runden Burgwall umgeben, der Robur-Bus muss vor den Holztoren parken, er passt nicht hindurch. Im 17. Jahrhundert wurde das alte Schloss von den Sachsen zu einer Festungsanlage ausgebaut. Ziel war, die Stadt Dresden vor den Brandenburgern zu schützen. Senftenberg gehörte einst zu Sachsen, erst mit dem Wiener Kongress fiel die Festung an Brandenburg-Preußen. Den Animositäten zwischen Sachsen und Preußen

Festung Senftenberg –
Sachsens Schutz vor Brandenburg

ist eine Ausstellung im Innern der Anlage gewidmet. Auch der Kohlebergbau hat hier seinen Platz sowie die sorbische Kultur und wertvolles Kircheninventar. Wir nehmen uns Zeit für eine Zeitreise, treffen einen Porzellanmaler, der mit kostümierten Kindern einen Festungsrundgang als Abenteuerspaziergang unternimmt. Lauschen Geschichten über Pulvertürme und Goldtaler. Und hören zum Schluss eine Kanonenschuss. Einen ganz leisen. Extra für die Kinder stecken in der Festungskanone nur Knallplätzchen.

Museum Schloss und Festung Senftenberg

Schlossstr. 01968 Senftenberg	03573/2628 www.museum-osl.de

Lauchhammer

Man kann sich Lauchhammer aus allen Himmelsrichtungen nähern. Nur eines sollte man als Besucher der Stadt genau wissen – wohin man will. Das 88 Quadratkilometer große Stadtgebiet mit seinen verschiedenen Stadt- und Ortsteilen ist eine Herausforderung. Immer wieder liegen weite Wald- und Wiesenflächen zwischen den Stadtteilen Lauchhammer-Ost, Lauchhammer-Mitte, Lauchhammer-West. Kommt man wie wir, aus östlicher Richtung, trifft man zwangsläufig auf Lauchhammers modernsten Arbeitgeber, die VESTAS GmbH, bekanntester Windenergieanlagenproduzent der Region seit 2002. Wir fahren vorbei an Dutzenden circa 60 Meter langen Rotorblättern. Sie liegen aufgereiht, eins neben dem anderen, hinter meterhohem Maschendrahtzaun gleich neben der Straße – bereit für den weltweiten Verkauf. Wir wollen jedoch nach Lauchhammer-Ost, dorthin, wo seit Jahrhunderten in immer gleicher Art und Weise produziert wird: zur Glocken- und Kunstgießerei. 1725 wurde ganz in der Nähe der erste Hochofen in Betrieb genommen, das nötige Raseneisenerz war in der Gegend ausreichend vorhanden, und so gab es alle Voraussetzungen für erfolgreichen Eisen- und Glockenguss. Im Jahr 1834, das war mehr als hundert Jahre nachdem hier der Kunstguss begann, wurde die erste Gusseisenglocke gefertigt. Sie ist noch immer erhalten. Auf dem Weg zur Produktionsstätte fahren wir am Marktplatz vorbei an der meterhohen Germania-Figur, natürlich ein Werk der örtlichen Gießerei. Vor dem Kunstgussmuseum steht der übergroße Glockengießer – ebenfalls ein Produkt aus Lauchhammer. Unser hellblauer Robur-Bus parkt

Lauchhammer: Roburbus-Treffen am Straßenrand

Werkstatt der Kunstgießerei und Kunstgussmuseum

auf dem Werksgelände neben einem modernen Reisebus aus Sachsen. Rund 50 Besucher steigen aus, alle kommen sie aus der Kirchgemeinde Purschwitz, fünf Kilometer nordwestlich von Bautzen. In ihrer dortigen Heimatkirche hängen seit Jahren Stahlgussglocken. In den letzten Jahren hat die Gemeinde Spenden gesammelt für neue Bronzeglocken mit sorbischer und deutscher Inschrift – heute sollen sie hier in Lauchhammer gegossen werden. Anderthalb Stunden sind die Purschwitzer hierhergefahren, junge Leute, Familien, Rentner. Es ist ein großer Tag für sie. Eine feierliche Andacht ist geplant vor dem Glockenguss und ein Mittagessen – beides in der Kirche gleich neben der Gießerei. Es ist die ehemalige Werkskirche, erbaut 1916/17 als »Friedens-Gedächtnis-Kirche« für das Eisenwerk Lauchhammer. 1996 wurde das Gotteshaus umfunktioniert zum Party- und Ver-

Andreas Noack

anstaltungsraum – mit Zapfhahn und Theke für Bier und Getränke. Im Kirchenschiff sind Tischreihen für Gäste eingedeckt. Und während die Purschwitzer noch per Mikrofon gefragt werden, ob sie lieber das Kassler-Gericht oder die Käsepfanne wollen, schauen wir uns in der dunklen Werkhalle um. Um eine Kirchenglocke zu gießen, braucht man rund sechs bis acht Wochen Vorbereitung. Herr des Verfahrens – im wahrsten Sinne des Wortes – ist Andreas Noack. Er ist hier DER Glockengießer. »Damals hatte man hier drei Berufe zur Auswahl, ich bin eben Gießer geworden. Habe zwei Jahre hier gelernt. Jetzt gieße ich die Glocke Nummer 750, oder fast 800«, sagt er uns. Aber eigentlich macht er ungern viele Worte. Andreas Noack ist jetzt Mitte 50. Auf die Frage, was wäre, wenn er eines Tages nicht zur Arbeit käme, zuckt er die Achseln. Alles Wissen darüber, wie in Lauchhammer Kirchenglocken im sogenannten Lehmschablonenformverfahren hergestellt werden, ist in seinem Kopf. Er gibt einem Lehrling Anweisungen und leitet zwei, drei Mitarbeiter an – doch einen richtigen Nachfolger für ihn gibt es nicht. Doch was soll's? Die Zeit drängt, im Schmelzofen in der Halle ist die Temperatur inzwischen auf 1.100 Grad gestiegen, die Glocken für die Purschwitzer müssen gegossen werden. Es ist heiß und stickig in der alten Produktionshalle. Der neue Investor möchte gern alles sanieren, neu bauen – doch die 200 Quadratmeter große Halle hat Charme, mit ihren hohen, verrosteten Deckenträgern, dem steinernen Ziegelfußboden und den von der Decke hängenden Ketten und Flaschenzügen. Andreas Noack prüft noch einmal die Temperatur im Schmelzofen, dann lässt er die Purschwitzer Gemeindemitglieder hereinholen. Während des Gießens muss absolute Ruhe herrschen, darauf besteht Noack, inzwischen hat er einen silberglänzenden Schutzanzug an. »In Gottes Namen – wir gießen!«, heißt es um 13 Uhr. Die Zuschauer stehen hinter einer Absperrung, als der Schmelzofen sich langsam neigt und seine rotglühende Flüssigkeit über eine Rinne in die Grube fließt. Die Form für die große Glocke sitzt 1,70 Meter tief in der Erde, die anderen beiden etwas höher. Es herrscht andächtiges Schweigen, bis Noack und zwei seiner Kollegen die Erdöffnung mit den frisch gegossenen Glocken abgedeckt haben und verkünden: »Meine Damen und Herren, das war der Guss ihrer drei Glocken!« Das Abdichten lässt dicke Staubwolken aufwirbeln, doch die Fotoapparate klicken trotzdem, laufen die Kameras. Langsam beginnen die Zuschauer zu klatschen, sie sind offensichtlich sehr bewegt. Der Purschwitzer Pfarrer sagt uns, das sei heute eine Art Krönung für ihn gewesen, ja, er habe sowas schon mal

Tradition seit Jahrhunderten – Kirchenglocken aus Lauchhammer

im Internet gesehen, aber live – überwältigend. Ein Ehepaar freut sich auf den schöneren Klang der neuen Bronzeglocken. Die Frau weint fast vor Rührung, er hofft, dass der Herr noch viele Spender schicken möge – man brauche ja jetzt noch einen Glockenstuhl. Andreas Noack verschwindet in einen Nebenraum der Halle, zieht sich den Schutzanzug aus. Circa 50 Grad Hitze fühlt man trotzdem über die ganze Zeit, jetzt will er »entlüften«. Ein Glockenguss ist jedes Mal eine neue Herausforderung, meint er, die Anspannung groß, aber heute sei es ruhig und gut gelaufen. Er wird den gerührten Besuchern an den Glockenmodellen in der Werkstatt hinter der Halle noch kurz erklären, was es heißt, im Lehmschablonenverfahren eine Glocke zu fertigen, die genau so klingt, wie sie soll. Er wird Fragen zu Preisen und Material beantworten, dann hat Andreas Noack für heute Feierabend. Am 1. September 2014 ist er seit 39 Jahren in der Firma.

Kunstguß Lauchhammer

Freifrau-v.-Löwendal-Str. 1	03574/8851-0
01979 Lauchhammer	www.kunstguss.de

Sängerstadt Finsterwalde

Der Robur-Bus fährt nicht mal Schritttempo. Einer von uns steigt aus und läuft voraus, bittet die Leute freundlich, ein paar Schritte zur Seite zu gehen und uns vorbeizulassen. Die Straßen der Finsterwalder Innenstadt sind voller Menschen, es ist Ende August und es ist Sängerfest. »Wir sind die Sänger von Finsterwalde, wir leben und sterben für den Gesang …« Diese Zeilen kennt hier jedes Kind, heißt es, sie klingen heute aus jedem Winkel der Innenstadt. 1899 soll das Lied aus der gleichnamigen Burleske von Wilhelm Wolff zum ersten Mal in Berlin gesungen worden sein. Angeblich traf es den Publikumsgeschmack sofort. Einige Jahre später schrieb sich der Finsterwalder Männergesangsverein die Zeilen auf die Fahne und machte das Lied und die Stadt berühmt. Seit 1954 feiert man hier Sängerfeste, zur richtigen Tradition wurde es aber erst nach der Wende. 2004 hat sogar mal ein Bundeskanzler die Feier eröffnet, in der Regel

Sängerstadt Finsterwalde

bleibt das dem Ministerpräsidenten vorbehalten – soweit die Geschichte.

Wir finden einen Parkplatz vor einem Geschäft für Berufsbekleidung. Es ist der Laden von Katrin Gröbe, wir haben uns mit ihr verabredet – heute ist ihr großer Tag. Sie ist die Chefin des Vereins, der das berühmte Sängerfest organisiert hat, das inzwischen alle zwei Jahre ca. 100.000 Gäste nach Finsterwalde lockt. Chöre aus ganz Europa sind angereist, alle Hotels im Umkreis sind ausgebucht, überall in der Stadt sind Bühnen aufgebaut, auf denen gesungen wird. Sie singe übrigens nicht, das gleich vorweg. In einer Stunde beginnt der Festumzug, die Kostüme sind noch nicht komplett, sie hat es eilig. Das Handy klingelt, Katrin Gröbe muss zum Marktplatz. Dort steht die Hauptbühne, dort sind die Garderoben für die Künstler und für sie. Die Sänger der Münchner Freiheit sind gerade angekommen, alle laufen durcheinander. Die Mitglieder des Vereins erwarten Katrin Gröbe vor den Spiegeln, ein Gewusel, man ist aufgeregt. Die Frauen tragen die gleichen Kleider, Blumenfrauen sollen sie heute sein. Katrin Gröbe hat einen Korb voller Strohblumensträußchen. Jede soll sich eines davon an die gestreifte Schürze heften – es fehlen allerdings die Stecknadeln dafür. Wieder muss sie los, Nadeln besorgen. Das sei alles völlig in Ordnung, versichert sie im Laufen. Die meiste Arbeit, das eigentliche Organisieren, liege hinter ihr. In den letzten Monaten sei jeder freie Abend draufgegangen, ihre Familie mache auch mit, Tochter Melly verkauft Programmhefte, der Ehemann schmückt den Wagen für den Festumzug. Als sie vor zwei Jahren gefragt wurde, ob sie diese Aufgabe übernehmen wolle, sei kein anderer da gewesen und sie habe »Ja« gesagt, als erste Frau an der Spitze des Fördervereins. Die Sängertradition vereine hier alle, meint die 45-Jährige, darauf könne man stolz sein. Das sei etwas, was man bewahren müsse und an die eigenen Kinder weitergeben könne, politisch unverdächtig, etwas, was Freude bereitet.

Katrin Gröbe am Sängerfest-Denkmal

Die Strohblumen sind inzwischen angeheftet, der Festumzug beginnt – Katrin Gröbe läuft mit den anderen Vereinsmitgliedern an der Spitze des Zuges.

Can Kisecok, Shisha-Bar

Sie verteilen Blumen an die winkenden Zuschauer am Straßenrand. Vor ihnen ein kleiner, mit Blumen geschmückter Traktor, ihr Vater sitzt am Steuer und fährt. Ein Moderator erklärt, wer wann vorbeizieht. Als Katrin Gröbe kommt, gibt es Dank und Applaus. Mehrere Dutzend bunte Wagen folgen, sämtliche Händler der Stadt, selbst die Kindergartenkinder sind in Kostümen dabei. Historische Bilder werden nachgestellt, Ritter in schweren Rüstungen, kleine Prinzessinnen auf Stöckelschuhen – alle marschieren rund 90 Minuten lang und mehrere Kilometer übers Kopfsteinpflaster. Und Finsterwalde zieht sich – als typisch ostelbische Kolonistenstadt treffen die Straßen rechtwinklig aufeinander, die viereckigen Quartiere und der Marktplatz sind relativ groß. Doch Katrin Gröbe lächelt und winkt. Es ist ein glückliches Lächeln. Alles läuft. In einer knappen Stunde beginnt die große Tombola auf der Hauptbühne, dort spielt sie Glücksfee und zieht die Lose. Sie wird pünktlich sein.

Als der Festumzug am Restaurant von Can Kisecok vorbeizieht, stehen alle Gäste am Geländer der Terrasse und winken. Es ist rappelvoll heute im Dürüm-Haus. Im altehrwürdigen Finsterwalder Brückenkopf-Gebäude am Bahndamm hat die türkische Familie vor Kurzem eine Shisha-Bar, einen Döner-Imbiss und eine Gaststätte aufgemacht. Sie haben für dieses Wochenende extra viel Personal eingestellt, sagt uns Can: »Wenn so viele Gäste und Touristen zum Sängerfest kommen, dann kommen die auch zu uns, das ist auch für uns ein gutes Geschäft.« Zwar könne er mit der Sängertradition nicht viel anfangen, aber er fühle sich trotzdem wohl hier, meint der 24-Jährige. Außerdem gebe es genug junge Leute, denen die Innenstadt heute zu voll ist, die kommen gern zum Entspannen und Rauchen ins Dürüm-Haus. Dann geht er wieder zu den bunten, stoffbezogenen Sesselkissen im Nebenraum und bereitet für drei junge Männer die Wasserpfeifen vor.

Finsterwalder Sängerfest e.V.

PF 1169
03231 Finsterwalde

0 35 31 / 33 03
www.finsterwalder-saengerfest.de

Schlieben

Als wir das erste Mal zum Parkplatz schauen, glauben wir an einen Irrtum. Nein, Reinhard Rogge, unser Robur-Fahrer sitzt neben uns und macht wie wir Kaffeepause. Er kann es also nicht sein. Dennoch fährt gerade ein himmelblauer Robur-Bus vor. Die gleiche Farbe, das gleiche Modell. Ein kräftiger junger Mann steigt aus und kommt lachend zu unserem Tisch. »Habe ich euch endlich!«, grüßt er uns und erzählt, dass er seit Tagen unsere Reise durch Brandenburg im Internet verfolgt. Eine Extra-Seite der Robur-Bus-Freunde gebe es, dort seien Bilder von der Tour zu sehen. Seine Frau habe ihn gerade angerufen »Der rbb-Bus ist bei uns!« Und da wir nicht zu übersehen seien, habe er seine Arbeit liegenlassen und sei mal eben vorbeigekommen. Es wird ein Gespräch unter Robur-Experten – Reinhard Rogge ist sein Mann. Fachsimpeln, Fotos machen, Fotos zeigen, der junge Mann hat extra seinen Laptop mitgebracht.

Dann machen wir uns auf den Weg, eine halbe Stunde später als geplant. Bei strahlendem Sonnenschein, es wird ein warmer Tag. In den Wäldern entlang der Straße sind Pilzesammler unterwegs, bunte Jacken zwischen Baumstämmen – es soll eine gute Saison werden. Noch einige Kilometer Maisfelder, es wird hügelig. Schlieben taucht auf, mit seinem langgezogenen Weinberg.

Weingarten am Langen Berg

Annette Engel

Er zählt zu den nördlichsten Anbaugebieten Deutschlands. Schon im 11. und 12. Jahrhundert sollen die Zisterziensermönche des nahe gelegenen Klosters Dobrilugk (heute Doberlug) hier Weingärten angelegt haben. Nach einer Hochzeit im 16. und 17. Jahrhundert war um 1900 Schluss mit dem Weinanbau. Erst nach dem Ende der DDR, als die Menschen wegzogen aus dem Ort und die, die blieben, keine Arbeit mehr hatten, besann man sich auf die alte Tradition. Anfangs war es eine sogenannte ABM-Maßnahme: Der verwilderte Berghang wurde wieder hergerichtet. Seit 1992 wachsen an der Südseite des Langen Berges wieder Rebstöcke. Inzwischen gedeihen hier rund 2.000 Pflanzen der Sorten Müller-Thurgau und Bacchus. Etwas Besonderes ist auch die Straße, die wir den Berg hinauffahren. Hier reiht sich ein historischer Weinkeller an den nächsten, 30 an der Zahl. Sie wurden um 1540 in den Berg gegraben, um Weine zu lagern und Eis aufzubewahren. Wenn man möchte, kann man den Weinwanderweg entlangspazieren. Am Ende landet man wie wir oben auf dem Berg.

Ein »Verein zur Förderung des historischen Weinbaus« hat weitergeführt, was die ABM-Kräfte begannen. Er bewirtschaftet einen Hektar Rebfläche. Man trifft sich einmal wöchentlich. Annette Engel – Anfang 60 – ist Chefin der eh-

In alter Tradition: Regent, Bacchus, Müller-Thurgau

renamtlichen Rentnertruppe und nennt sie liebevoll »meine Jugendbrigade«. Die meisten von ihnen sind allein, die Kinder schon erwachsen und weit weg, der Arbeit hinterhergezogen. Am Weinberg müssen heute die Ranken festgebunden, der Rasen zwischen den Reihen gemäht und der Schutz gegen die Waschbären verstärkt werden. Schon in der übernächsten Woche beginnt die Weinlese, die Trauben sollen bis dahin möglichst viel Sonne tanken. Rund zwanzig Männer und Frauen sind gekommen, der älteste ist über 80. »Hier wird die Arbeit nach Pflegestufe eingeteilt«, meint Frau Engel scherzhaft. Jeder mache, was er gesundheitlich schaffe. Ohnehin gehe es neben der Arbeit vor allem ums Zusammensein. Und so hören wir überall Gespräche und Lachen. »Wir sind richtig glücklich hier draußen, haben was zu tun und können reden«, erzählen uns zwei ältere Damen, während sie emsig welke Blätter von den Trauben entfernen. Der Arbeitseinsatz dauert knapp zwei Stunden. Nach einem Umtrunk geht jeder wieder nach Hause. Annette Engel schaltet den Elektrozaun ans Netz, der den Waschbären abhalten soll und verschließt die Pforte am Weingarten. Auch ihr Sohn ist fortgezogen, wegen der Arbeit, nach Rumänien. Man sehe sich nur selten. Ob sie selbst wegziehen wolle? »Keinesfalls«, antwortet die Schliebenerin, »wer soll sich dann um den Weinberg kümmern?! Ich bin doch die jüngste im Verein …«

Rettungswache Werchau

Wir nehmen die kleinen Straßen weiter nach Nordwesten. In der Karte sind sie weiß eingezeichnet, sie führen durch weite Wälder, vorbei an Badeseen, verbinden ein Dorf mit dem anderen. Manchmal sind es von Ortseingangsschild bis Ortsausgang nur 100 Meter. Es ist Samstagnachmittag, die Gehöfte mit den schmucken Vorgärten, die alten Dorfkirchen aus Feldsteinen, alles scheint ruhig, nur selten ist jemand zu sehen. Wir stoppen den Robur-Bus in einem Ort namens Werchau, an einem weißen Blechcontainer. Eine Bank steht davor, auf der zwei Leute sitzen, ein Rettungswagen parkt unter hochgezogenem Rolltor. Daneben ist eine Kuh an einer Kette angebunden. Ein komisches Bild. Ja, sie sitzen hier immer und warten, wenn sie gerade keinen Einsatz haben. Dass am Container kein Schild hänge, haben sie ihren Vorgesetzten auch schon gesagt, aber hier wisse ohnehin jeder, dass der Kasten die örtliche Rettungswache sei. Und sie sind nun mal die beiden Rettungssanitäter, die gerade Dienst haben. Der Ort habe zwar nur ein paar Dutzend Einwohner, liege aber verkehrsgünstig zu den Krankenhäusern nach Herzberg oder Luckenwalde, deshalb stehe der Container eben hier auf der Wiese. Zum Telefonieren müsse man immer ein paar Schritte rüber zum Feld gehen, wegen des Netzes. Aber sonst sei es nett hier, ab und zu kommen die Nachbarn vorbei zum Reden.

Wir verlassen die beiden, als es dunkel wird. Wenn wir wissen wollen, wo die jungen Leute seien, müssten wir weiter nach Schönewalde fahren. Dort sei an diesem Wochenende 80er Jahre-Party. Sowas nehme man mit, wenn man auf dem Dorf lebe. Und so verbringen wir samt Robur-Bus den Abend am Stadtrand von Schönewalde, bei »Tobis 99 Luftballon-Disco« in einem Zelt mit Getränkeausschank und Grill-Würstchen. Drei Euro Eintritt für Musik bis zum Morgengrauen.

Verein zur Förderung des historischen Weinbaus Schlieben e.V.

c/o Anette Engel
Ernst-Thälmann-Str. 25
04936 Schlieben

03 53 61 / 8 00 21
www.schlieben-elster.de/weinbau

Schloss Wiepersdorf

Die Straße nach Wiepersdorf ist gut zu finden. Man folgt einfach den braunen Schildern am Wegrand, auf denen ein Rollschuhläufer abgebildet ist. Unter Inlineskatern und Radsportlern ist die Ecke ein Geheimtipp. Gut asphaltierte Bahnen, rund 160 Kilometer Strecke, quer durch den Fläming. Wir kommen jedoch nicht wegen des Sports nach Wiepersdorf, sondern wegen der Kunst. Ohnehin ist kein Sportler zu sehen weit und breit. Es ist nasskalt heute, knapp 15 Grad. Wir parken den Robur-Bus vorm Schlosspark. Die schmalen Kieswege und der barocke Park sind nichts für das schwere Gefährt. Als wir die Kamera für erste Aufnahmen aufbauen, steht eine junge Frau mitten auf dem Rasen. Sie spricht laut mit sich. Wir fragen, was sie tut. Sie überlegt und gibt uns dann zu verstehen, dass sie nicht reden möchte. Künstlerin sei sie und das Projekt, an dem sie gerade arbeite, könne man nicht erklären. Kunst sei eben manchmal so. Die Katze, die uns auf dem Weg ins Schloss entgegenkommt, ist zutraulicher. Sie ist schneeweiß, heißt Schiller und spaziert zur Frühstückszeit gern auf dem Terrassen-Geländer. Schiller ist der Schlosskater, hat eine eigene Facebook-Seite und scheint der Liebling aller Gäste. Anne Frechen, 63, begrüßt uns. Sie ist die Chefin hier – das Schloss und seine Gäste sind ihre Herzens-

Schloss Wiepersdorf

Anne Frechen

angelegenheit. Das einstige Rittergut und heutige Schloss wird getragen von der Stiftung Denkmalschutz. Bekannt wurde es, weil einst Achim und Bettina von Arnim hier wohnten – das Dichterpaar der Romantik. Trotz wechselvoller Geschichte sei man immer Ort des geistigen Austauschs gewesen, zur DDR-Zeit hieß das dann »Arbeits- und Erholungsstätte für Kulturschaffende«. Künstler wie Anna Seghers, Arnold Zweig, Maxi Wander, Kurt Masur oder Rolf Hoppe haben hier Herz und Hirn an der Landluft erfrischt. Heute führt Anne Frechen offiziell das Künstlerhaus Wiepersdorf – im Schloss verbringen Stipendiaten mehrmonatige Arbeitsaufenthalte. Schriftsteller, bildende Künstler, Komponisten, Musiker. Sie genießen den Luxus, aus der Zeit zu fallen und umgeben von Natur und Schönheit kreativ zu sein. So entstehen Kunstwerke, Bilder, Theaterstücke, Bücher. Zurzeit arbeiten hier rund 20 Künstler aus fünf verschiedenen Ländern. Außerdem eine Wissenschaftlergruppe der TU Berlin – ein Fortbildungsseminar, auch das ist möglich. Zahlende Gäste halten das Schloss am Leben.

Anne Frechen geht mit uns in die Speiseräume. Es ist Frühstückszeit. Auf der Terrasse sitzen bei dem heutigen Wetter nur zwei junge Frauen. Die beiden Künstlerinnen aus dem Saarland gehen mit uns in ihr Atelier, es liegt am Rande des Schlossgartens in einem garagenartigen Flachbau. Hier arbeiten sie an einer Videoinstallation. In den hellen Räumen stehen Laptops, Bildschirme, hängen silberne Tücher von der Decke. An den Wänden gekritzelte Zeichnungen und Zitate über Monster aus mittelalterlichen Büchern. Die Rolle der Frau bei der Erschaffung der Erde – das sei grob umrissen ihr Thema, sagen sie. Inspiriert hat die beiden dabei der Ort Wiepersdorf selbst. Hier sei noch alles ursprünglich, der Wald, die Umgebung, die Dörfer. Man könne Geräusche, Farben, Gerüche und die Unberührtheit der Natur noch erleben, hier in Brandenburg. Im Westen, da wo sie herkämen, gebe es diese Art Inspiration und Magie nicht mehr. Sagen sie und packen die Kamera für eine nächste Aktion ein. Verkleidet mit schwarzen Masken tanzen sie unter einem Baum und fotografieren sich beim Riechen an gelb blühenden Engelstrompeten im Schlosspark.

Sonst ist im Park niemand zu sehen. Später kommt noch eine Besuchergruppe und besichtigt das Schlossmuseum, Schriften und Bilder von Bettina von Arnim und ihrer Familie sind in drei Räumen ausgestellt. In der Küche

Schlosspark Wiepersdorf und das Künstler-Duo Stoll-Wachall

wird derweil Schokopudding in Gläser gefüllt, zum Mittagessen gibt es Gemüseeintopf. Gegessen wird dreimal täglich zu festen Zeiten, auch die Zimmer werden regelmäßig saubergemacht. Hausmeister, Gärtner, Köchin, Putzfrau – alle kommen von hier. Ein paar Mal in der Woche fährt ein Shuttlebus bis nach Jüterbog zum Einkaufen – ansonsten stört niemand beim sorgenfreien Schaffen. Und falls die Radfahrer und Inlineskater des nahen Flämingskate zu Besuch in den Schlosspark und die Orangerie wollen, bitte sie diese, die Räder zu schieben, die Rollschuhe abzuschnallen. Alles andere störe die Atmosphäre, meint Anne Frechen zum Abschied.

Künstlerhaus Schloss Wiepersdorf

Bettina-von-Arnim-Str. 13
14913 Wiepersdorf

03 37 46 / 69 90
www.schloss-wiepersdorf.de

Kloster Zinna

Nein, es passt irgendwie nicht zusammen. Die preußisch akkuraten Straßen. Die rechtwinklig zu beiden Seiten gebauten Weberhäuser. Der quadratische Platz mit dem Denkmal des Alten Fritz. Und dann die weithin sichtbare amerikanische Südstaatenfahne. Ein blaues Kreuz aus weißen Sternen auf rotem Grund. Akkurat genäht, anderthalb Meter groß flattert sie im Wind. Direkt unter dem Wegweiser »Kloster Zinna«. Josef Klapetz hat sie aufgehängt und wer in den berühmten Ort mit dem Kloster fährt, kann sie nicht übersehen. Die meisten Besucher kommen wegen des 1170 gegründeten Mönchsklosters der Zisterzienser hierher. Oder wegen der Weberkolonie, die Friedrich der Große 1764 gründen ließ, um den Ort nach dem Weggang der Mönche neu zu beleben. Oder aber, um den legendären Zinnaer Klosterbruder zu kosten, einen Kräuterlikör, der im alten Siechenhaus an der Abtei hergestellt wird. Gotische Pracht der Klostergebäude und preußisch strenger Städtebau – das lockt den Neugierigen heutzutage. Vom Fremdenverkehr lebt, wer in Kloster Zinna Geld verdient.

Wir kommen wegen Familie Klapetz, parken den Robur-Bus direkt vor ihrem Geschäft. Josef und Annette Klapetz haben sich einer ganz anderen Zeit

Kloster Zinna – gegründet 1170 von den Zisterziensern

Ankunft vorm Western Store von Josef und Annette Klapetz

verschrieben – der Mitte des 19. Jahrhunderts und zwar im Wilden Westen. Sie betreiben auf der Zinnaer Hauptstraße einen Western Store. Zwei Schaufensterpuppen mit traditionellen Rüschenkleidern stehen vorm Laden. Drinnen finden sich, dicht gedrängt auf wenigen Quadratmetern, viele Ständer mit Lederwesten, Röcken und Gürteln – alles, was ein Cowboy so braucht. Wir machen uns mit einer Glocke bemerkbar. Im Hinterzimmer, nur durch eine fensterähnliche Öffnung in der Wand, eine Art Durchreiche, zu sehen, sitzt das Ehepaar in der Nähstube. Überall liegen bunte Stoffe, Knöpfe, eine Veritas-Nähmaschine rattert. Josef Klapetz trägt Lederhut und Westernhemd – und meint: »Ich wollte eben schon immer Cowboy sein.« Angefangen habe alles vor der Flimmerkiste, als er im Westfernsehen eine Serie namens »Laramie – Am Fuße der blauen Berge« sah. Heute liebt er Pferde, kennt die Uniformknöpfe von 1864, weiß, welches Westerntreffen wann in der Region steigt und mit welchem Locheisen man einen Cowboyledergürtel bearbeiten muss. Über der »Durchreiche« hängen Postkarten aus aller Welt. Von den Kindern, sagen die beiden. Zusammen haben sie acht. Kennengelernt haben sie sich, als jeder schon Familie hatte – es

Das Friedrich-Denkmal erinnert an die Gründung der Weberkolonie 1764

ist das zweite Glück. Seit 2005 versuchen sie sich mit Nähstube und Westernstore. Davor hatte Annette Klapetz hier einen Blumen- und Floristikladen, aber das lief nicht in Kloster Zinna. Die Touristen würden eher ein schönes Kleidungsstück kaufen und die Bewohner aus dem Ort lassen sich ab und zu was nähen. Man werfe nicht mehr alles weg, inzwischen komme der eine oder andere auch mal für einen neuen Reißverschluss. Während wir reden, kommt die Ur-Oma, stellt einen Kinderwagen in den Laden. Darin das sechs Monate alte, schlafende Enkelkind der Klapetz', auf das einen Moment aufgepasst werden muss, da die junge Mutter beschäftigt ist. Joseph und Annette sind mehrfach

Großeltern und natürlich helfe man sich als Familie. Arbeiten und Kinder, das würde ja heute gar nicht anders funktionieren – und auf die Familie ist eben immer Verlass.

Josef Klapetz geht mit uns durch sein Kloster Zinna. Er zeigt uns den nagelneuen Spielplatz, auf dem kein Kind spielt. Er liegt – ohne Zaun – direkt an der viel befahrenden Bundesstraße. Dann die tausend Jahre alte Linde, einst Naturdenkmal, jetzt ausgebrannt, weil Jugendliche zu Silvester Feuer darin anzündeten. Schließlich steht er mit seinem Cowboyhut und den Stiefeln vorm Kloster. Heute sitzen die Touristen in den zwei Restaurants auf der Terrasse. Nein, er selbst sei eigentlich noch nie drin gewesen im Kloster, keine Zeit bisher. Wir kommen zum Platz mit dem Fritz-Denkmal. Zwei Jungen klettern gerade auf die Statue, hangeln sich am Dreispitz hoch. Eine ältere Dame schimpft. »Frechheit! Die Bengel haben keine Ahnung, worauf sie da rumturnen!« Die Jungs klettern grinsend runter, lachen über die alte Dame und verschwinden. Wir erfahren, dass den Zinnaern der Alte Fritz von jeher am Herzen lag. Mitte des 19. Jahrhunderts wurde er von den angesiedelten Webern aus Dankbarkeit lebensgroß in Bronze gegossen und geehrt. Der Statue selbst wurde später Hitlers Verehrung zum Verhängnis. Nach dem Krieg wurde sie erst demoliert, dann konfisziert und verschwand schließlich spurlos. 1994 wurde »F zwo« wieder auf den Sockel gehievt. Nach alten Postkarten hatte ein Bonner Bildhauer einen Nachguss der einstigen Bronzestatue geschaffen. Die Zinnaer sind stolz, ihren Friedrich zurückzuhaben.

Josef Klapetz Stolz gilt etwas anderem. Zum Abschied öffnet er neben seinem Western Store ein hohes Metalltor. Versteckt dahinter liegt ein kleiner Garten. Er sieht aus wie eine richtige Westernstadt, mit Büffelhörnern, Wohnwagen, Salon, Südstaatenflagge und Badewanne im Freien. Das Eldorado des Joseph Klapetz.

Gegen Abend nehmen auch wir Quartier – beim Alten Fritz, betont die Vermieterin. Zu ihrer neu gebauten Pension namens Grafschaft gehört auch ein frisch saniertes Weberhaus. Hier habe der Monarch einst selbst genächtigt, aus diesem und jenem Fenster habe er geschaut, die Straße dort sei er entlanggegangen … Es gibt Leute, die sagen, man könne seinem Geist in den Straßen begegnen – nicht nur, wenn man zu viel Zinnaer Klosterbruder getrunken habe.

Museum Kloster Zinna

Am Kloster 6	0 33 72 / 43 95 05
14913 Jüterbog OT Kloster Zinna	www.kloster-zinna.com

Luckenwalde

Es ist neun Uhr morgens und strahlender Sonnenschein, als Reinhard Rogge unseren Robur-Bus auf dem Parkplatz des Heimatmuseums Luckenwalde zum Stehen bringt, gleich am Hintereingang des alten denkmalgeschützten Schulgebäudes. Ein Fahrstuhl ist außen angebaut, die Fassaden strahlen frisch verputzt. Genauso strahlend begrüßt uns Roman Schmidt. Ja, das Museum sei sein ganzer Stolz. Es gebe kaum ein Heimatmuseum in Brandenburg, das so aufwendig saniert worden sei.

Roman Schmidt trägt schwarze Kleidung, einen langen Zopf und einen schwarzen Hut, eine Art Filzhut mit Krempe. Ohne Hut sehe man ihn niemals in der Stadt, der gehöre zu ihm. So wie überhaupt zu Luckenwalde die Hüte gehören. Überall in der Stadt treffen wir auf Hüte, Hut-Denkmäler, Hut-Skulpturen, Hut-Stelen. Luckenwaldes Hut-Geschichte ist über 200 Jahre alt und hat ihren Ursprung in Gera. Als dort um 1780 bei einem Großbrand die halbe Stadt zerstört wurde, zogen 24 Tuchmacherfamilien nach Luckenwalde und begründeten hier die Tuch- und später die Hutproduktion. Zu Beginn des 20. Jahrhunderts soll es in Luckenwalde 19 Tuchfabriken, zwölf Hutfabriken und mehr als 25.000 Einwohner gegeben haben – das sind mehr als heute.

Luckenwalde

Alles mit Hut: Denkmäler, Hutfabriken und der Chef des Heimatmuseums Roman Schmidt

Museumsleiter Schmidt ist in seinem Element. Er bringt seine Besucher gern zum Staunen: Der Pappteller sei in Luckenwalde erfunden worden, die Stadt galt als »rotes Luckenwalde«, da hier vor 1933 zu 80 Prozent SPD gewählt wurde, und nur bei ihm hängt Deutschlands berühmtester Ringelpullover – das Kleidungsstück, mit dem Studentenführer Rudi Dutschke am häufigsten abgelichtet wurde.

Von den 12.000 Exponaten in Schmidts Museum hat der Strickpulli einen der schönsten Plätze. Man findet ihn, hinter Glas, in den Ausstellungsräumen in der ersten Etage. In seinem Büro unterm Dach holt Schmidt Pappkartons mit weiteren Schätzen aus einer Ecke. Stolz präsentiert er Rudi Dutschkes Lederjacke, seine Doktorarbeit mit handschriftlichen Anmerkungen in rot, blau und grün und den dazu verwendeten Druck-Kugelschreiber. Außerdem einen Personalausweis und eine Unmenge Fotos. Alles Geschenke und Leihgaben der Familie Dutschke, alle direkt bei ihm abgegeben. Der berühmte 68er ging von 1946 bis 1958 in Luckenwalde zur Schule, hielt hier seine erste öffentli-

Rudi-Dutschke-Platz vor dem Bahnhof in Schönefeld

che Rede. Doch es ist Detektivarbeit, seine Spuren im Ort zu finden. Anders als mit der Hut-Tradition scheinen die Luckenwalder mit diesem Sohn ihrer Stadt zu hadern, erzählt Schmidt. Vor Jahren gab es den Versuch, das Luckenwalder Gymnasium in »Rudi-Dutschke-Gymnasium« zu taufen. Das wurde abgelehnt. Ebenso der Versuch, in der Aula bzw. am Schulgebäude eine Gedenktafel anzubringen. Roman Schmidt führt uns durch die Stadt, zeigt uns eine Dutschke-Gedenkstele an der Fußgängerzone, kaum zu finden zwischen denen ehemaliger Bürgermeister und Gewerkschafter. Wir laufen weiter. Im Friedrich-Gymnasium, der einstigen Schule Dutschkes, ist gerade Sportunterricht. Die Sonne scheint, die Schüler trainieren im Freien. Wir fragen einige von ihnen nach Rudi Dutschke. Bis auf eine Lehrerin und zwei ältere Schüler kennt ihn niemand. Dabei steht direkt vor dem Schulgebäude eine bronzene Ehrentafel. Und die Lehrerin, die 1993 eine preisgekrönte Wanderausstellung mit ihren Schülern über Dutschke gestaltet hat, möchte nicht mehr mit uns reden. Zu viel Ärger habe es damals gegeben.

Und so finden wir in Luckenwalde zwar Karl-Marx- und Rosa-Luxemburg-Straßen, aber keine mit dem Namen Rudi Dutschke. Oder doch? Roman Schmidt empfiehlt uns, nach Schönefeld zu fahren. Das Dorf liegt einige Kilometer entfernt, dort wurde Rudi Dutschke geboren.

Der winzige Bahnhofsvorplatz, den wir nach kurzer Suche finden, heißt tatsächlich »Rudi-Dutschke-Platz«. Der Name steht auf einem schiefen Schild an der Straße. Das Bahnhofsgebäude scheint leer, auf den Gleisen davor ist seit Jahren kein Zug mehr gefahren. Auf dem Bahnsteig steht eine weiße Hollywood-Schaukel, auf der Rasenfläche vorm Bahnhof, offensichtlich dem Dutschke-Platz, zwei alte Gartenstühle.

Rast des Teams am Bahnhof

Kein Mensch weit und breit. Wir fragen zwei Männer, die vor einem Haus in der Nähe stehen, wo genau Rudi Dutschke geboren wurde. Sie schicken uns in die Feldstraße, ein Sandweg. Noch zweimal fragen, dann stehen wir vor einem grünen Mehrfamilienhaus, moderne Fenster, hoher Zaun, Gartenpforte. Es ist gegen 19 Uhr, die Sonne scheint noch. Hundegebell, wir klingeln. Ein junger Mann öffnet – oh ja, er wisse schon, wen wir suchen, es kommen öfter mal Leute und klingeln, er verschwindet. Einige Minuten später erscheint eine ältere Frau im Tor. Ruth Dressler heißt sie, ist über 80 und die Cousine der Dutschkes. Sie lebe schon immer hier. Der Rudi war mit seinen vier Brüdern immer da, man habe als Kinder viel Zeit miteinander verbracht, sie war das einzige Mädchen in der Kinderschar. Ja, in diesem Haus wurde er geboren, dann sei die Mutter nach Luckenwalde gegangen und nur noch in den Ferien gekommen. Frau Dressler erzählt noch, dass ihr Sohn vor einiger Zeit überlegt habe, eine Tafel am Haus anzubringen, »Hier wurde Rudi Dutschke geboren« – als Erinnerung. Man habe sich letztlich aber dagegen entschieden – das gebe nur unnötigen Ärger … Wir reden noch eine Weile, dann verschwindet sie wieder im Haus. Die kleine Straße ist noch immer menschenleer.

HeimatMuseum Luckenwalde

Markt 11
14943 Luckenwalde
0 33 71 / 67 25 50

www.luckenwalde.de/kultursp/museum.htm

Jüterbog/Altes Lager

Es gibt viel Eigenwilliges auf dem Weg zu unserem nächsten Ziel. Da ist das einzeln stehende Haus mit den rot leuchtenden Fenstern direkt an der Straße – ein Bordell offensichtlich, aber niemals sind Autos oder Menschen davor zu sehen. Da sind die Eisenbahnwaggons, abgestellt auf einem Parkplatz. Man muss zweimal hinsehen, um zu begreifen, dass sie zu einem Hotel gehören und vermietet werden. Dann die vielen leer stehenden Gebäude hinter verriegelten Eisentoren – und überall kyrillische Buchstaben. Gleich hinter dem Bahnhof die alte Fliegerschule mit Hörsaal und pompösem Eingangsportal. An einem Turm, über allem, ein rot leuchtender Sowjetstern. Unser Robur nimmt die Straße von Jüterbog Richtung Altes Lager, an der die Spuren der Vergangenheit wirklich nur demjenigen entgehen, der beide Augen verschließt. 150 Jahre lang war hier das Militär Herr über Mensch und Natur. Auf über 10.000 Hektar wurde geschossen, geflogen, marschiert. 1864 begannen die Kaiserlichen Truppen mit der militärischen Nutzung. Später schulte die deutsche Wehrmacht hier ihren Nachwuchs und trainierte die Luftwaffe. Zur wohl größten Garnison Deutschlands wurde das Areal erst durch die Rote Armee. Heute, über 20 Jahre nach dem Abzug der letzten Soldaten, steht ein Teil der Gebäude, ein altes Lazarett beispielsweise oder die Fliegerschule, unter Denkmalschutz. Dies ist gewiss gut gemeint, aber sie sind dem Verfall preisgegeben. Die Flächen wieder für Menschen lebens- und liebenswert zu machen, dauert sicher nochmals 20 Jahre. Noch stehen Mauern und Zäune.

»Ich wollte früher immer wissen, was hinter den Mauern ist«, sagt Manfred Müller, Mitte 60, »jetzt verbringe ich hier meine Freizeit.« Der kleine Mann mit

Jüterbog mit St. Nikolai-Kirche

Fahrzeughalle des Vereins St. Barbara und Manfred Müller

Basecap und blauen Arbeitsklamotten sitzt vor einer Glasvitrine und putzt mit einem Pinsel Staub von einem Kinderspielzeug. Das Spielzeug stammt aus DDR-Produktion, es ist ein T62, ein sowjetischer Kettenpanzer mit Fernsteuerung, gebaut in den 1980er-Jahren. Er ist Teil einer Sammlung, in einigen Tagen soll sie gezeigt werden. Manfred Müller gehört zum Garnisongeschichtsverein Jüterbog. 1998 wurde dieser von 15 Mann gegründet, Ziel sei es, Geschichte lebendig zu halten und zu erforschen. Deshalb sei auch er dabei.

Als wir mit unserem Robur, Baujahr 1983, aufs Gelände rollen, erscheint unser Bus hier wie ein Neuwagen. Der Verein um Manfred Müller sammelt und restauriert historische Militärfahrzeuge, zwischen Schmierstoffen, Werkzeugkästen und Ersatzteilen hocken Männer und schrauben – mit Begeisterung. Während Müller weiter die Panzer und Truppentransporter in Miniaturformat abstaubt, kommt aus der Fahrzeughalle ein dumpfes Grollen. Hier stehen im Erdgeschoß rund 30 funktionsfähige Militärfahrzeuge. Vereinsvorsitzender Mario Scheunemann präsentiert russische Militärjeeps, Kettenfahrzeuge, LOs, NVA-Lkws. Eines neben dem anderen stehen sie dicht an dicht, vor manchen kleinen Tafeln mit den wichtigsten Fakten. Opel Blitz, Tatra, GAZ, W50 und schweres Kettengerät. Es sei die Technik, die fasziniere. Die Tatsache, dass mit

Militärfahrzeuge werden gern von Filmfirmen ausgeliehen

etwas Sachverstand jedes Fahrzeug tatsächlich startklar ist und der Motor anspringt, lässt Mario Scheunemanns Augen leuchten. Vor einigen Monaten sei ein Dutzend Wagen von einer Filmfirma ausgeliehen worden, die mit George Clooney den Film »Monuments Men« in Babelsberg gedreht habe. Und gestern erst kam ein Anruf von der Bundeswehr – man brauche einen Trabbi-Kübel für den Abschied eines langjährigen Offiziers. Es sei gut, wenn die Fahrzeuge rauskämen und bewegt würden, Stillstand sei der Tod. Zwei- bis dreimal pro Jahr mache man einen Ausflug mit allen. Meist zu Himmelfahrt, mit 20 bis 30 Wagen, zu einem historischen Ort mit Picknick. Sie nennen es Himmelfahrtskommando. Klar, das gefalle nicht jedem hier, schließlich hat so mancher Jüterboger die Nase voll vom Militär. Trotzdem kämen immer Hunderte Besucher.

Auf die Frage, was denn sein Lieblingsstück sei, führt uns Mario Scheunemann zu einer extra Halle. Wir gehen vorbei an verrosteten Panzern mit der Aufschrift »Zu verkaufen«, an Militärwaggons und Fahrzeugteilen im Regen. Dann präsentiert er ihn – seinen Jagdpanzer Hetzer 38, eingesetzt im Zweiten Weltkrieg. Er hat ihn über eine Annonce in der Schweiz gefunden, gekauft, abgeholt und 13 Jahre lang restauriert. Ein dumpfes Grollen, der Motor springt an und Scheunemann durchpflügt mit seinem Panzer die Wege auf dem Vereinsgelände. Durch die schmalen Sichtluken kann er die Strecke kaum sehen,

Mancher liebt Briefmarken, er liebt Panzer: Mario Scheunemann

Manfred Müller muss ihn lenken und einweisen. Oft genug springt Müller auch einfach nur zur Seite, um sich nicht zu gefährden. Nach zehn Minuten kommt Scheunemann wieder zum Stehen, klettert oben aus der Panzerluke. Auf die Frage, ob das nicht gruselig sei, als Familienvater im Jahr 2014 mit einem Wehrmachtspanzer herumzufahren, kommt die Antwort prompt: »Manch einer liebt Horrorfilme oder sammelt Briefmarken, ich liebe sowas. Liebe kann man nicht steuern.« Klar, sie seien mit ihrem Verein auch oft Ziel von Kritik. In der heutigen Zeit müsse man aufpassen, dass man nicht politisch angreifbar sei. Ihnen gehe es ausschließlich um die Technik, sie seien keine Spinner, die Krieg spielen, sie wollten lediglich die Technik bewahren. Aber eins sei klar – Krieg ist unmenschlich. Spricht's und fährt seinen Jagdpanzer wieder in die Halle.

Garnisongeschichte Jüterbog St. Barbara e.V.

St.-Barbara-Weg 1
14913 Altes Lager

0174 / 6 82 49 24
www.hl-barbara.de

Von Wiesenburg nach Görzke

Freundlichkeit sieht anders aus. Es sind schon sehr skeptische Blicke, die uns begegnen, als wir mit unserem Robur-Bus auf den schmalen Kiespfaden am Rande des Schlossparks von Wiesenburg entlangfahren. Mit einem Bus bis zum Schlossteich, mancher Spaziergänger schüttelt den Kopf. Doch so wie wir kein normaler Reisebus sind, ist das Wiesenburger Schloss kein normales Schloss. Und davor werden historische Fahrzeuge nun mal gern ins Bild gesetzt.

Heute steht ein großer Umzugs-Lkw auf der Schlossbrücke, er passt nicht durch den Torbogen zum Innenhof. Möbelpacker mit Sesseln, Lampen und Matratzen auf den Schultern kommen aus dem Schlosshof. Sie stellen die Möbel aufs historische Kopfsteinpflaster, bevor sie sie auf die Ladefläche hieven. Eine Gruppe Touristen schlängelt sich vorbei. Gerade ist ein Reisebus aus Sachsen-Anhalt angekommen. Der Fremdenführer mit schwarzem Zylinder und Uniform lotst seine 50 Gäste durch den Torbogen. Einige stoppen an den silbernen Klingelknöpfen mit Namensschildern und wundern sich. Die Erklärung folgt, als alle Besucher am Brunnen im Hof stehen: »Das Schloss Wiesenburg ist eine Wohnanlage. Im Gemäuer gibt es 24 Designer-Wohnungen, die man kaufen oder mieten kann, zwischen 60 und knapp 200 Quadratmeter. Wer möchte?

Schloss und Park Wiesenburg

Herrschaftliche Ausblicke für Schlossbewohner Harald Slibar

Eine wird gerade frei.« Die historischen Eckdaten zum Sandsteinbrunnen aus dem 16. Jahrhundert folgen. Dann werden die Kameras rausgeholt, der Brunnen muss aufs Foto, der 48 Meter hohe Schlossturm, die im Neo-Renaissance-Stil gebaute Fassade des Prachtbaus. Einige Besucher versuchen, einen Blick durch die Fenster im Erdgeschoss zu erhaschen, doch die meisten Vorhänge sind geschlossen.

Harald Slibar sitzt auf einer Türschwelle und schmunzelt. Oh ja, er als Bewohner kenne das schon. Mancher Tourist klingele auch an der Wohnungstür und wolle mal schauen. Das gehöre eben dazu, wenn man hier lebe. Ein Immobilienprojekt für Großstadtmüde, vielleicht, aber wer hierherziehe, müsse wissen, worauf er sich einlasse. Das sei schließlich Brandenburger Kulturgut. Er selbst ist Computerspezialist, arbeitet von zu Hause, lebt hier allein. Seine Wohnung im Seitenflügel hat er nun schon mehrere Jahre, drei Zimmer, Küche, Bad. Einige seiner Mitbewohner fahren 60 Kilometer bis nach Berlin zur Arbeit, andere kommen nur zum Wochenende aufs Schloss. Er könne sich gar

Töpfer Peter Ludwig in seiner Werkstatt in Görzke

nicht mehr vorstellen, anderswo zu leben. »Das Schloss sucht sich seine Bewohner aus«, betont Harald Slibar. Denn neben den einzelnen Appartements gibt es luxuriöse Gemeinschaftsbereiche – vom Wellnesskeller bis zum zweigeschossigen Gartensaal mit Empore. Hier treffe man sich zu Sommerfesten, zum Fußballschauen oder zu Weihnachten. Wer also immer nur allein sein wolle als Schlossherr, der halte es hier nicht lange aus. Wir stehen auf seiner Terrasse und schauen auf den 90 Hektar großen Park mit Teich und Fontäne. Ein Landschaftsgarten eigentlich, 140 Jahre alt und mit Recht als einer der schönsten zwischen Potsdam und Wörlitz bezeichnet. Ein Blick genügt jedoch, um zu wissen: Auch dort unten ist man heute nicht allein. Eine große Taufgesellschaft macht ein Fotoshooting mit Baby auf dem Rasen. Eine Reisegruppe bekommt eine Parkführung mit Theatereinlagen.

Als wir wieder runtergehen, ist der Innenhof des Schlosses leer. Der Möbelwagen ist verschwunden und Harald Slibar schließt das eiserne Tor – für heute.

Es geht weiter durch die hügelige Landschaft des Hohen Fläming, den Schlossturm lassen wir hinter uns. Jetzt fallen rote Schornsteine ins Auge. Egal, aus welcher Richtung man kommt, Görzke hat ein Dutzend davon. Man kann nicht sofort erkennen, ob sie genutzt werden oder einfach nur nicht abgerissen worden sind. Sofort klar ist jedoch, Görzke ist ein Handwerker-Ort. Hier wurde und wird gebrannt: Krüge, Schüsseln, Töpfe. Überall Töpfer-Werbung, Informationen oder einfach nur liebevolle Dekoration. Wir biegen ab von der Hauptstraße, landen vor dem grünen Haus von Peter Ludwig. Über dem Eingang hängt ein brauner Gurkentopf, an der Tür ein Schild: Töpferei seit 1746.

Seit Görzke um 1160 zum ersten Mal erwähnt wurde, hatte das Handwerk die Aufgabe, die Kommune aufzurichten. Bis zu 13 Töpfereien und 19 Töpfermeister arbeiteten in guten Zeiten am Görzker Braungeschirr und den nach Bunzlauer Art gefertigten Haushaltswaren. Heute ist es still in der Werkstatt der Töpferei Ludwig. Es ist Mittwoch, der Tag, an dem der Ofen abgekühlt ist und geöffnet wird. Ein leises Klappern, Peter Ludwig holt vorsichtig Tassen, Schalen, Kannen, Dosen, Deckel aus dem Brennofen. Sie haben alle eine grüne Farbe, doch auf jedem Gefäß leuchtet sie anders. Das Grün sei derzeit sehr gefragt bei den Kunden, deshalb nehme er es mit auf den nächsten Töpfermarkt. Viele Worte macht er nicht, jeder Handgriff ist tausendfach getan. Seine einzige Mitstreiterin ist Ehefrau Petra. Sie bemalt nebenan Schüsseln mit blauem Muster, später packen sie zusammen den Transporter für den Verkauf auf einem Markt in Weimar. Früher saß hier ein Dutzend Leute in der Werkstatt an den Töpferscheiben. Nach der Wende wurden es weniger, getöpferte Haushaltswaren wollten sich nur noch wenige leisten. Dann stiegen die Energiepreise und so musste Peter Ludwig vor Kurzem den letzten Mitarbeiter entlassen. Jetzt macht er mit Ehefrau allein weiter. Einen Nachfolger habe er nicht. Wie es weitergeht zukünftig? Peter Ludwig: »Das wird schon. Irgendwie ging es ja immer. Seit 1746.«

Schloss Wiesenburg | Töpferei Ludwig

Schloss Wiesenburg	Töpferei Ludwig
Schlossstr. 1a	Wiesenburger Str. 2
14827 Wiesenburg	14828 Goerzke
0221/914091911	033847/40265
www.schloss-wiesenburg.de	www.toepferei-ludwig.de

Kloster Lehnin

Die Menschen, die hier arbeiten und leben, brauchen eigentlich keine Uhren. Wenn die Klosterglocken morgens um 7:30 Uhr schlagen, sind es die Frühstücksglocken. Läuten sie um elf Uhr, heißt es Aufräumen auf dem Spielplatz. Die 12-Uhr-Glockenklänge haben sogar einen Namen: »unsere Schlafglocken« werden sie liebevoll genannt. In der Kita kündigen sie die Mittagsruhe an, erzählt uns Kerstin Feuerherd. Seit einen Jahr arbeitet sie hier in der Kindertagesstätte des Evangelischen Diakonissenhauses. Es ist 8:30 Uhr, wir kommen pünktlich zum Morgenkreis. Ein halbes Dutzend Kleinkinder sitzt auf bunten Teppichen. Gleich werden sie hinausgehen und Äpfel sammeln im Klostergarten. Doch vorher singen sie gemeinsam und beten. Die kleinen Hände sind gefaltet zum Morgengebet: »Wie sanft hab ich geschlafen die Nacht, Du warst mit Deinem Schutz bei mir, oh Vater im Himmel, hab Dank dafür …« Die Kinder, zwischen ein und zwei Jahren alt, bewegen murmelnd die Lippen. Dann wird eine rote Kerze rumgereicht, ein Kind pustet hinein – sie leuchtet. Elektrisch natürlich, offenes Feuer ist in der Kita nicht erlaubt.

Auch Schwester Carmencita hat heute eine Kerze angezündet. Gleich gegenüber der Kita befindet sich das Hospiz des Klosters. In der vergangenen Nacht ist einer ihrer Gäste gestorben. Eine Kerze brennt jetzt auf einem kleinen Tischchen vor der Zimmertür der Verstorbenen. Die Angehörigen kommen am Vormittag, um sich zu verabschieden. Schwester Carmencita, eigentlich Carmencita Rupprecht, ist Leiterin der Einrichtung. Geschäftig geht es zu auf den Fluren, die Schwestern bereiten das Frühstück vor. Leises Flüstern aus den Zimmern, die meisten sind belegt. Der Klang der Kirchenglocken begleitet auch hier den Tag, aber er hetzt niemanden. »Unsere Gäste sagen uns, wann genau und ob sie frühstücken wollen – wer hier seine letzten Tage verbringt, darf essen wann und was er möchte.« Carmencita, Mitte 40, blonde Schüttelfrisur, führt uns durch das Backsteingebäude. Alle Zimmer haben große Fenster oder Balkon in den Garten. Die Nachfrage nach Plätzen im Sterbehospiz sei gewaltig, sagt sie. Als zweites stationäres Hospiz im Land 2001 gegründet, kämen die Leute inzwischen von Rathenow und weiter her, um innerhalb des Klosters zu sterben. Im Erdgeschoß hängt an einer großen Wand ein Stern für jeden, der hier gewohnt hat. Der Sternenhimmel hat nur wenige Lücken.

Draußen zieht Kerstin Feuerherd mit ihrer Kindergruppe vorbei. Die Glocken schlagen zehn Uhr. Die Kinder tragen kleine Körbchen, es geht zum Äpfelsammeln. In die Klosterkirche hinein, so die Erzieherin, gehe sie mit den

Hier wird gewohnt, gelernt, gepflegt, gesungen – Kloster Lehnin

Kleinen aber erst, wenn sie etwas älter seien. Noch haben sie Respekt und ein klein bisschen Angst in dem riesigen Innenraum.

Heute sind viele Touristen unterwegs in der Klosteranlage, einige warten auf den Gottesdienst, andere trinken im Museumsgarten Kaffee. Das Kloster Lehnin ist immer voller Leben. In den meisten Häusern wird gewohnt, gelernt, gepflegt, gesungen, unterrichtet. Krankenhaus, Altenheim, Pflegeschule, Schwesternheim – ohne die Kirche und die Stiftung Evangelisches Diakonissenhaus Berlin-Teltow-Lehnin gäbe es von der alten Anlage sicher nur Ruinen. 1180 von Markgraf Otto I. von Brandenburg gegründet, wurde sie berühmt durch den ersten Zisterzienserorden in der Mark. Doch die Geschichte meinte es nicht gut, das Kloster zerfiel schon 1542, ging an den Kurfürsten. Es folgten Brände, Plünderungen und Zerstörung. Mitte des 19. Jahrhunderts muss der jämmerliche Zustand, in dem sich die Klosterkirche befand, das preußische Königshaus – immerhin ging es u.a. um die Grabstätten der Hohenzollern – so gedauert haben, dass man Architekten und Restauratoren beauftragte. Mit heutigem Blick betrachtet ist die Klosterkirche ein frühes Meisterstück der modernen Denkmalpflege.

See bei Kloster Lehnin und Carmencita Rupprecht, Hospiz Kloster Lehnin

Die Glocken läuten erneut an diesem Vormittag. Erzieherin Kerstin Feuerherd hockt mit den Kindern unter den alten Apfelbäumen hinter der Klostermauer und erzählt Geschichten vom kleinen schwarzen Apfelkern.

Als die Gruppe in den Garten der Kita zurückgeht, ist am Hospiz gegenüber ein Bestattungswagen vorgefahren. Schwester Carmencita kommt die Treppen herunter. Sie begleitet den Sarg ihres verstorbenen Gastes bis zuletzt. »Ich habe der Frau versprochen, als ich sie durch die Tür ins Hospiz hineinführte, dass ich auch da bin, wenn sie unser Haus wieder verlässt.« Der Sarg wird in den Wagen geschoben, ein Händeschütteln, das Fahrzeug fährt ab. Als wir uns verabschieden und Carmencita das Eisentor schließt, schlagen die Glocken 12 Uhr.

Unser Ziel am heutigen – dem letzten – Tag heißt: Wir wollen die Sonne untergehen sehen und zwar dort, wo unsere Tour begann, über der Stadt Brandenburg an der Havel. Wir müssen uns beeilen, inzwischen wird es gegen 20 Uhr dunkel. Ein Strand bei Malge scheint uns ideal. Wir schieben einen Schlagbaum beiseite, Reinhard Rogge fährt den hellblauen Robur bis fast ans Wasser. Auf einem umgekippten Angelboot sitzen wir am See, als die Sonne den Himmel

Ende der Sommerreise am Strand von Malge bei Brandenburg an der Havel

rot färbt und verschwindet. Über 4.000 Kilometer, einen ganzen Sommer lang, waren wir unterwegs. Haben Hunderte Menschen getroffen, Geschichten erzählt, gelacht, gestaunt … Während wir unseren Gedanken nachhängen, wird Robur-Fahrer Reinhard unruhig. Die Vorderräder hängen bedenklich tief im Sand, wir sollten versuchen, den schweren Bus vom Strand wegzufahren, solange es noch schummrig ist. Der Motor startet, doch der Bus steckt fest. Und weit und breit nur wir vier und zwei Angler. Nach einer weiteren Stunde haben wir zufällig vorbeikommende Spaziergänger, Angler und Touristen überredet, mitzuschieben. Es gelingt uns, den Bus wieder flottzukriegen. Als er rollt, gibt es Applaus und Winken von allen. Es ist stockdunkel und Anfang September. Und jetzt ist er tatsächlich für uns zu Ende – der Sommer in Brandenburg.

Evangelisches Diakonissenhaus Berlin Teltow Lehnin | Klosterkirche Lehnin

Lichterfelder Allee 45
14513 Teltow
0 33 28 / 43 34 34
www.diakonissenhaus.de

Goethestraße 14
14797 Kloster Lehnin
0 33 82 / 70 12 34
www.klosterkirche-lehnin.de

Stationen des »Sommers in Brandenburg«

1 Potsdam
2 Ketzin
3 Brandenburg an der Havel
4 Plaue
5 Päwesin
6 Rathenow
7 Stölln
8 Hohenofen
9 Neustadt/Dosse
10 Kampehl
11 Linum
12 Neuruppin
13 Alt-Ruppin
14 Dollgow-Schulzenhof
15 Rheinsberg
16 Stechlin
17 Fürstenberg/Havel
18 Ravensbrück
19 Kröchlendorff
20 Prenzlau
21 Brüssow
22 Altkünkendorf
23 Groß Dölln
24 Joachimsthal
25 Finowfurt
26 Chorin
27 Sonnenburg
28 Atombunker Harnekop
29 Gut Möglin
30 Seelower Höhen
31 Frankfurt (Oder)
32 Helenesee
33 Eisenhüttenstadt
34 Kloster Neuzelle
35 Schlaubetal/Siehdichum
36 Peitz
37 Cottbus
38 Welzow
39 Lübben
40 Lübbenau
41 Senftenberg
42 Lauchhammer
43 Finsterwalde
44 Schlieben
45 Wiepersdorf
46 Kloster Zinna
47 Luckenwalde
48 Jüterbog/Altes Lager
49 Wiesenburg
50 Görzke
51 Kloster Lehnin

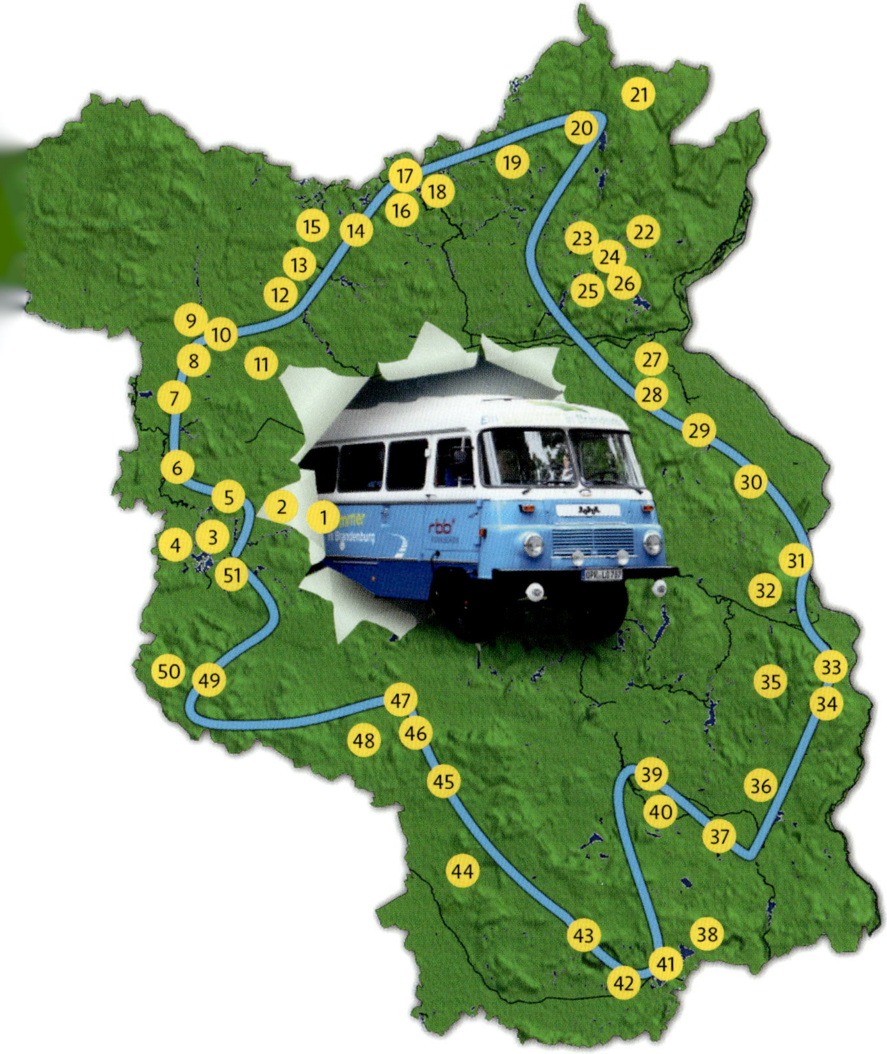
1
2
3
4
5
6
7
8
9
10
11
12
13
14
15
16
17
18
19
20
21
22
23
24
25
26
27
28
29
30
31
32
33
34
35
36
37
38
39
40
41
42
43
44
45
46
47
48
49
50
51
rbb

Die Autoren

Heike Hartung, geboren 1969 in Eisenhüttenstadt, studierte Journalistik in Leipzig und Eichstätt, arbeitet seit 1992 als Autorin und Redakteurin für den Rundfunk Berlin-Brandenburg (rbb, ehemals ORB). In zahlreichen Filmbeiträgen und Reportagen berichtet sie seitdem über das Land Brandenburg, seine Menschen und das, was sie bewegt. Für ihre Arbeiten erhielt sie u. a. den Bremer Fernsehpreis und den Journalistenpreis »Der lange Atem«. 2010 arbeitete sie als Autorin für das rbb-Filmprojekt »20 x Brandenburg«, das mit dem Grimme-Preis geehrt wurde.

Meike Materne, geboren 1961, studierte Film- und Fernsehwissenschaften/Dramaturgie an der Hochschule für Film und Fernsehen »Konrad Wolf« in Potsdam Babelsberg. Anschließend war sie zunächst Redakteurin im DDR Fernsehen bei »Elf99«, danach als freie Redakteurin, Autorin, Regisseurin und Producerin für Magazine, Reportagen, Porträts, Feature, und Doku Reihen tätig. Für den Dokumentarfilm »Katharina Joachim – genannt Thalbach« erhielt sie 2010 beim Schweriner Filmkunstfest den Publikumspreis.

Johannes Unger, geboren 1964, ist Fernsehjournalist, Redakteur, Filmregisseur und Buchautor. Er leitet die Abteilung Dokumentation und Zeitgeschehen beim Rundfunk Berlin-Brandenburg (rbb). Für die ARD verantwortete er zahlreiche preisgekrönte Dokumentationsreihen und TV-Projekte, darunter »Chronik der Wende«, »Die Brandenburger« und »24h Berlin«. Er veröffentlichte diverse TV-Publikationen und Begleitbücher. Für die Produktion »20 x Brandenburg« wurde er gemeinsam mit dem Filmregisseur Andreas Dresen mit dem Grimme-Preis ausgezeichnet. Johannes Unger lebt und arbeitet in Berlin und Potsdam.

Abbildungsnachweis

Butzlaff, Silke 138, 139 o.; Kraft, Franziska 35, 36, 37 (3), 38, 43 o. r., 45 (3), 46 r., 47 u. l., 51 (3), 53 (2), 54, 56, 61 o., 62 (3), 63 o., 65, 69 o., 70 (2), 71 o., 73, 74 o., 75, 76 o., 77 (3), 79, 80 o., 81 r., 83 (3), 84, 85, 91, 93 o., 94 o. l., 94 o. r., 95, 97, 98 o., 99, 106 (2), 107 (3), 111 o., 111 u. l., 113 l. o., 116, 117 o., 118, 120 o., 121, 123 o., 124, 126 l. o., 126 r. o., 126 r. u., 127 o., 129 (2), 130 o., 131 o., 132 (2), 134, 136, 137, 140 (2), 145 o., 146 (2), 147, 148/149, 151 o., 152 (3), 155 (3), 157 (3), 158 (3), 159, 161, 162 o., 163 (2), 164, 165, 167 l., 167 r. M., 168, 176, 177 o., 178, 179 o., 180, 181 o., 182 (2), 185 o. l., 185 o. r., 186 o., Umschlagseite h. l., Umschlagseite h. r. u., Umschlagseite vorn; Krauss, Ina 11 u. l.; Pitschmann, Jörg 12 o., 13, 15 o., 16, 17, 20, 24 u. l., 28 l. o., 30, 32, 40 o., 43 o. l.; privat 190 o., 190 M.; Raak, Stefanie 11 o.; rbb 15 u., 22, 25, 27, 29, 34, 40 u., 43 u., 46 l., 47 u. r., 49 u., 55, 57, 61 u., 63 u., 67, 69 u., 71 u., 74 u., 76 u., 80 u., 82 l., 82 r., 87 u. r., 88 o., 89, 93 u. l., 93 u. r., 96, 98 u., 104 u., 105 u., 111 u. r., 114, 117 u., 120 u., 122, 123 u., 126 l. u., 127 u., 130 u., 131 u., 133 (2), 135, 139 u., 143, 145 u., 148/149, 151 u., 153 (2), 154, 156, 160, 162 u., 166, 167 o., 167 u., 169 (2), 172, 173 (2), 174, 175, 177 u., 179 u., 181 u., 185 u., 186 u., 187, 188/189; Rohde, Judith 19, 21, 24 o., 24 u. r., 33, 39, 42, 47 o., 49 o., 50, 90, 100, 101, 102 (3), 103 (2), 104 o., 105 o.; Rohow, Jörg 108/109; Sieboldt, Jenny 190 u.; Siemens 87 o., 87 u. l., 88 u.; Thimm, Günter 8/9, 31; Unger, Johannes 11 u. r., 12 u., 18/Umschlagseite hinten o. r., 26, 28 l. u., 28 r., 58/59, 66, 81 l., 94 u.; Wikimedia CC BY-SA 3.0_Pudelek (Marcin Szala) 142; Zimmermann, Matthias 113 l. u., 113 r., 115, 170 (3)

BRANDENBURG ENTDECKEN!

Ingrid Feix, Marjike Topp, Robert Zagolla, Matthias Zimmermann

Brandenburg auf dem Wasser
Die schönsten Ausflüge mit Dampfer, Kanu, Hausboot & Co

160 S., Pb., 14,– €
ISBN 978-3-86124-687-9

Therese Schneider

Brandenburg mit dem Rad
Die schönsten Touren für Kulturliebhaber

208 S., 277 farb. Abb., 16 Karten, Pb., 14,– €
ISBN 978-3-86124-678-7

Bärbel Wichmann

Leckeres Brandenburg
Der kulinarische Ausflugsführer. Die besten Empfehlungen von Brandenburg aktuell

160 S., 163 farb. Abb., 3 Karten, Pb., 14,– €
ISBN 978-3-86124-681-7

Robert Zagolla

Brandenburg mit Kindern
Der Familien-Ausflugsführer
Mit den besten Tipps und Adressen

240 S., über 200 farb. Abb., eine Übersichtskarte, Pb., 14,– €
ISBN 978-3-86124-670-1

Gerhard Drexel

Klöster und Kirchen in Brandenburg
Himmlische Touren durch die Mark

224 S., über 200 farb. Abb., 12 Karten, Pb., 14,– €
ISBN 978-3-86124-656-5

Martin Mosch

Brandenburg, landeinwärts
Besondere Wanderungen in der Mark

160 S., 250 farb. Abb., 16 Karten, Pb., 14,– €
ISBN 978-3-86124-664-0

www.bebraverlag.de